Margarete Friebe Das FRIEBE-ALPHA-TRAINING®

D1828445

Im Begleitbuch zur Toncassette sind die Vorträge von Margarete Friebe schriftlich festgehalten. Der Text dient in erster Linie dazu, den gesprochenen Vortrag besser zu verstehen oder einzelne Abschnitte nachzulesen.

Bevor Margarete Friebe das Alpha-Institut Wirtschaft und Wort leitete, befaßte sie sich mit psychologisch-philosophischen Studien sowie dem Studium tiefenpsychologischer Trainingsmethoden in den USA und in Europa. Schwerpunkt ihrer Tätigkeit bildet das Alpha-Training, das sie mit ihrem 1977 verstorbenen Mann entwickelt hat.

Margarete Friebe

Das FRIEBE-ALPHA-TRAINING®

Oesch Verlag

Alle Rechte vorbehalten
Nachdruck in jeder Form sowie die Wiedergabe
durch Fernsehen, Rundfunk, Film, Bild- und Tonträger
oder Benutzung für Vorträge, auch auszugsweise,
nur mit Genehmigung des Verlags

© 1988 by Oesch Verlag AG, Zürich

Umschlag: Heinz von Arx, Zürich
Satz: Utesch Satztechnik GmbH, Hamburg
Druck und Bindung: Ueberreuter, Korneuburg
Printed in Austria

ISBN 3 85833 722 6

Ich begrüße Sie alle sehr herzlich und möchte mich zuerst einmal vorstellen: Ich bin Frau Friebe und möchte Ihnen mit den ersten Sätzen sagen, wie wir – mein Mann und ich – dazu gekommen sind, dieses FRIEBE-ALPHA-TRAINING zu entwikkeln.

Wir haben uns etwa 20 Jahre lang mit Tiefenpsychologie und Philosophie befaßt, und wir haben dabei immer nach geistigen Trainingsmethoden – man könnte auch sagen Meditationen – gesucht, die uns meßbare, erlebbare Erfolge im Alltag geben. Wenn ich heute abend von Erfolgen spreche, so verstehen wir unter Erfolgen sowohl Erfolge auf der geistigen, seelischen als auch körperlich-materiellen Ebene. Erfolge auf allen Ebenen. Man könnte vielleicht statt des Begriffes Erfolg auch Fortschritt sagen. Fortschritt auf allen Ebenen.

Ist es möglich, in absehbarer Zeit Erfolge oder Fortschritte auf den genannten geistigen, seelischen, körperlichen, auch materiellen Ebenen zu haben? Nun, ich zeige Ihnen vielleicht gleich im Anfang an einer Skizze unsere Ausgangsbasis. Wenn wir uns als menschliches Modell das Dreieck vorstellen: Dreieck ist nicht willkürlich gewählt worden, sondern von der Ganzheit des Menschen ausgehend: Körper-Seele-Geist. Wenn wir uns als menschliches Modell das Dreieck jetzt vorstellen, so können wir sagen, daß bis zur heutigen geistig-seelischen Entwicklung der Menschheit der einzelne zirka 20 % all seiner geistig-seelischen Fähigkeiten entwickelt hat. Das betrifft aber bereits den genialen Menschen. Der Durchschnittsmensch hat etwa 10 % all seiner geistig-seelischen Fähigkeiten entwickelt. Demnach liegen 80 % und mehr aller Möglichkeiten, aller Fähigkeiten, aller Energien brach im sogenannten Unterbewußtsein. Unterbewußtsein, dieser Begriff ist allgemein bekannt. Es ist nichts Unteres, Niederes damit verbunden. Es ist das Unbewußte, nämlich der geistig-seelische Bereich. Geist und Seele sind uns zum großen Teil unbewußt. Daher das Unterbewußtsein.

Nun, unsere Frage war diejenige, die dann die Jahre unserer Forschung auslöste: Haben wir Menschen eine Möglichkeit, mit vollem Bewußtsein – ich betone das, nicht in Hypnose, nicht in Trance – mit vollem Bewußtsein in diesen vorerst unbewußten geistig-seelischen Bereich vorzudringen, um die dort latent ruhenden 80 % und mehr aller geistig-seelischen Fähigkeiten, auch Energien, kennenzulernen, um sie nach und nach dem Bewußtsein anzuvertrauen? Und was erreichen wir bei einem solchen Vorgang? Eine Bewußtseinserweiterung, die immer gleichzusetzen ist mit einer Persönlichkeitsentwicklung. Persönlichkeitsentwicklung, Entfaltung. Wir entfalten die latent in uns liegenden unbewußten Kräfte.

Ich habe eben gesagt, daß wir Menschen bisher nur maximal 20 % all unserer geistig-seelischen Fähigkeiten entwickelt haben. Woher stammt eine solche Aussage? Sie stammt sowohl von den klassischen Geisteswissenschaftlern als auch von den modernen Gehirnforschern. Naturwissenschaftler und Geisteswissenschaftler reichen sich in dieser Zeit, die wir das Bewußtseinszeitalter oder auch das Wassermann-Zeitalter (astrologisch gesehen) nennen, immer mehr die Hand.

Die Gehirnforscher sagen, unser Gehirn hat zirka 13 Billionen Neuronen, 13 Billionen. Die meisten davon sind speicherungsfähig. Die wenigsten davon haben wir bisher aktiviert. Das würde dieser Skizze entsprechen.

Nun, ich bin vor einigen Jahren an einem Gehirnforschungsinstitut in Virginia, USA, gewesen. Vor zwei Jahren habe ich dort eine Ausbildung noch einmal wiederholt für fortgeschrittene Studenten. Ich will Ihnen vielleicht kurz sagen, um diese Skizze noch ein wenig näher zu erläutern, was ich dort gelernt habe: Dieses Gehirnforschungsinstitut in Virginia wird geleitet von Dr. Monroe. Dr. Monroe ist ein Mann, der in den letzten -zig Jahren seiner Forschung, die er zusammen mit Medizinern, Chemikern, auch Ingenieuren ausführt, unter anderem ganz spezielle Tonfrequenzen entwickelt hat, die dazu beitragen, die rechte Gehirnhälfte mehr zu aktivieren. Die meisten wissen wahrscheinlich heute, daß die linke Gehirnhälfte verantwortlich ist für das intellektuelle, sachliche, logische Denken. Die rechte Gehirnhälfte wäre verantwortlich für das kreative, phantasievolle, intuitive Denken. Genau die rechte Gehirnhälfte haben wir in diesem technisch-naturwissenschaftlichen Zeitalter nicht mehr oder zu wenig aktiviert, da wir in unserer Ausbildung Wert legen auf eine sachliche, rein intellektuelle Bildung. Damit ist eine Einseitigkeit in der Bildung erfolgt und dadurch vorwiegend nur die linke Gehirnhälfte aktiviert worden.

Nun wird an diesem Gehirnforschungsinstitut durch diese speziell entwickelten Tonfrequenzen die rechte Gehirnhälfte aktiviert. Es tritt dann – vereinfacht dargestellt – eine Synchronisierung zwischen rechter und linker Gehirnhälfte ein, und damit erreicht Dr. Monroe eine – wie soll ich es ausdrücken – eine Erweiterung des Bewußtseins. Wir nehmen mehr wahr von der Realität. Mehr wahr von der Realität? Nehmen wir denn jetzt die Realität nicht wahr?

Das, was wir jetzt wahrnehmen, nehmen wir fast ausschließlich mit unseren äußeren fünf Sinnen wahr. Denn: Ob wir nun eine Bildung in der Volksschule, im Gymnasium oder an der Universität genossen haben, immer besteht die Forderung darin, die äußeren Sinne zu bilden. Damit gehen wir analysierend an alle äußeren Geschehnisse heran. Die Bildung der äußeren Sinne, die die Logik, das intellektuelle Denken fördert, was selbstverständlich sehr notwendig ist, hat also die linke Gehirnhälfte aktiviert. Aber das Intuitive, zu der auch die Phantasien gehören, das intuitive Denken, zu dem auch die Einbildung gehört – eine ganz mächtige Kraft –, wurde zuwenig gefördert, liegt daher weitgehend brach. Wir haben Schlagseite, wir sind einseitig gebildet.

An diesem Gehirnforschungsinstitut in Virginia lebt man völlig isoliert, wie in einer Art Mönchszelle. Und hier ist man Tag und Nacht diesen speziellen Tonfrequenzen hingegeben. Zwischendurch ist Unterricht. Es ist einfach faszinierend, was wir Menschen, potentiell jeder einzelne, erleben können, wenn wir die Ganzheit unseres Seins – Körper, Seele und Geist – zu Seele und Geist gehört das Phantasievolle, das Kreative, das Intuitive – wenn wir diese Bereiche nicht nur aktivieren, sondern auch wieder schätzen lernen, ja, eine Sehnsucht nach ihnen entwickeln. Wenn wir dadurch, daß wir die Ganzheit berücksichtigen, eben mehr von der Realität wahrnehmen, beginnen wir nicht nur die geistig-seelischen Ebenen zu schätzen, später einmal sogar zu lieben. Wenn ich diesen nicht sichtbaren Teil der Realität erwähne, wie kann ich ihn näher erläutern? Es gibt Farben, die das Auge nicht wahrnimmt, und doch sind sie da, das wissen wir alle. Es gibt Töne, die das Ohr nicht hören kann, und doch sind sie da, sie gehören zur Realität, nicht wahr! Hier im Raum sind Radiowellen. Unsere äußeren Sinne nehmen sie nicht wahr. Und dennoch gehören sie zur Realität. Und so könnten wir diesen anderen, für die äußeren Sinne nicht sichtbaren Realitätsbereich fortsetzen. Über diesen nicht sichtbaren, nicht für die äußeren Sinne erlebbaren Realitätsbereich möchte ich heute abend sprechen. Wie können wir Zugang dazu finden, und lohnt sich das überhaupt? Sollen wir den Aufwand machen? Nun, den Aufwand wird nur der machen, der sich im positiven Sinne ganzheitlich entwickeln möchte.

Denn der positive Sinn der Entwicklung liegt gerade darin, ein Realist zu sein. Ein Realist in dem Sinne, daß ich mich nicht dem Teil der Realität verschließe, der meinen äußeren Sinnen nicht zugänglich ist. Dr. Erhard Lauer schrieb in seinem Buch über die »Zwölf Sinne des Menschen«. Der Mensch hat mehr als nur fünf Sinne. Durch eine spezielle Entwicklung, die durch unser Training angestrebt und gefördert wird, werden die anderen, jetzt brachliegenden Sinne aktiviert. Eine einzigartige Persönlichkeitsbereicherung, die alle äußeren Aktivitäten zum Wohle aller befruchtet. Vielleicht hilft ein Beispiel: Wir haben hier einen Menschen stehen, konstruieren wir das mal, der noch nie eine Banane gegessen hat. Jetzt sind Sie Chemiker. Und weil Sie Chemiker sind, ist es für Sie nicht schwer, diesem Menschen den chemischen Aufbau der Banane ganz genau zu beschreiben. Sie nehmen auch das Äußere hinzu. Sie lassen nichts aus. Glauben Sie jetzt, er weiß, wie eine Banane schmeckt? Das Wesentliche können Sie ihm nicht vermitteln. Das Erlebnis des Geschmacks können Sie ihm nicht vermitteln. Und das ist z. B. ein Ausschnitt aus dem anderen Teil der Realität: dem subjektiv erlebbaren.

Damit habe ich angedeutet: Die geistig-seelischen Bereiche sind nicht wäg- und meßbar, aber sie sind erlebbar. Es gibt also zwei Realitätsebenen, die dennoch unter philosophischen Aspekten eine Einheit repräsentieren: den objektiv meßbaren, für die äußeren Sinne erfaßbaren und den subjektiv erlebbaren, der den noch zu schulenden inneren Sinnen immer zugänglicher wird. Und darum ist der Anspruch, den manche Naturwissenschaftler stellen, der Anspruch: »Beweise mir den geistig-seelischen Bereich«, dieser Anspruch ist gar nicht haltbar, denn wir dürfen nicht die Ebenen verwechseln. Wir können nicht mit dem herkömmlichen naturwissenschaftlichen Instrumentarium, das nur auf das Wäg- und Meßbare ausgerichtet ist, in den geistig-seelischen Bereich vordringen. Der Naturwissenschaftler stellt – aus seiner Sicht zu Recht – den Anspruch, die Forderung – und auf dieser Forderung beruht auch die Ausbildung, die wir heute mehr oder weniger alle haben –, daß nur das Wäg- und Meßbare real ist. Und da jeder anerkannt werden möchte – das ist legitim, das ist verständlich –, ordnet er sich in diesem technisch-naturwissenschaftlichen Zeitalter dieser Forderung unter. Er hat sich, der Mensch in der heutigen Zeit, vorwiegend auf das Äußere, auf das Wäg- und Meßbare konzentriert, um anerkannt zu sein.

Wie bereits dargestellt, gilt also im geistig-seelischen Bereich eine andere Beweisfähigkeit: die Beweisfähigkeit des Erlebnisses, die durch eine umfassende seriöse Schulung gefördert werden kann. Und jeder wird aufgrund seiner Besonderheit, seiner Individualität, ein anderes Erlebnis in einer ähnlichen Situation haben. Darum können wir alle nur voneinander lernen. Diese Erkenntnis bewirkt Toleranz und Respekt vor dem Andersdenkenden. Wir können stets voneinander lernen. Wir brauchen einander.

Und wenn sich nun das Bewußtsein zu entfalten beginnt, schon allein dadurch, daß wir den anderen, nicht meß- und wägbaren Teil der Realität überhaupt nur für möglich halten, dann haben wir die Chance, daß – auch unterstützt durch ein gewisses Studium, dessen Konzentrat ich im Seminar vermittele – wir mehr von dieser umfassenden Realität wahrzunehmen beginnen und damit das wahrhaft beglückend Sinnvolle des Lebens erahnen. Als Konsequenz daraus beginnen z. B. bedrückende, schwermütige, traurige Stimmungen zu schwinden. Sie machen einer heiteren Gelassenheit Platz.

In bezug auf meine besonderen Erlebnisse an dem Gehirnforschungsinstitut – über die ich im Buch »Geh durchs Tor, Miranda«, Oesch Verlag, Zürich, geschrieben habe – habe ich das erlebte Wissen, das potentiell jedem ebenso zugänglich ist, nämlich, daß es reale, höhere geistige Energieformen oder Intelligenzen gibt, die den äußeren Sinnen eben nicht zugänglich sind. Die dennoch da sind und darauf warten, daß wir uns öffnen, damit sie auch Kontakt zu uns aufnehmen können und eine spezielle Kommunikation entsteht, die eine einzigartig-beglückende Bereicherung für das tägliche Leben darstellt.

Ich würde schon gerne über einzelne Erlebnisse berichten. Aber in dieser knappen Zeit ist dies nicht möglich, weil ich einen soliden Aufbau wie im Seminar brauchen würde, um eine gewisse Aufgeschlossenheit herzustellen, daß so etwas überhaupt möglich ist, nämlich daß diese Kräfte vorhanden sind. Man kann sie nicht beweisen. Ich kann zwar den Weg zeigen. Einen Weg, den jeder gehen kann, um zu eigenen Erlebnissen zu kommen. Wenn ich sage, »ich kann einen Weg zeigen«; – ich habe gelernt, es gibt nicht nur einen bestimmten Weg; jeder sollte im Laufe seines Lebens seinen Weg finden, der möglicherweise auch nur für eine Phase seines Lebens gilt, und dann könnte er einen anderen Weg finden, der ihm eventuell mehr angemessen ist.

Ich habe mich jetzt etwa 30 Jahre lang mit diesem geistig-seelischen Bereich sehr intensiv auseinandergesetzt. Die Erforschung des geistig-seelischen Bereichs bestimmt mein ganzes Leben. Und auch nachdem mein Mann gestorben ist, setze ich die Forschung alleine fort. Ich muß sagen, auch wenn ich mich jetzt -zig Jahre lang doch sehr intensiv mit dem geistig-seelischen Bereich auseinandergesetzt habe, so erlebe ich an mir, daß ich sagen muß: »Je mehr ich eigentlich meine zu wissen, um so mehr spüre ich, wie wenig ich weiß.« Weil die Öffnung nach oben einfach immer größer wird. Für mich heißt das – gerade weil ich ja lehrend tätig bin, auch Bücher und Artikel schreibe –, daß ich sehr behutsam in meinem Unterricht vorgehen muß, um nur nicht irgend jemanden festzulegen. Jede Festlegung, jedes Dogma, jede spezielle Richtung engt unser Bewußtsein ein. Die Offenheit nach allen Seiten ist eine Notwendigkeit, um sich überhaupt einigermaßen seriös diesen geistig-seelischen Ebenen zu nähern und in innerer Freiheit auf der Basis von gelebtem Wissen und Erkenntnis seine eigene Entwicklung zu fördern und dabei seine brachliegenden schöpferischen Kräfte zu entdecken.

Und darum, alles was ich heute abend in meinem Vortrag sage, auch was ich in meinen Seminaren und Büchern lehre: Es sollen immer nur Gedankenanstöße sein, die jeder aufnehmen kann, wenn er möchte, um damit seinen Weg zu finden. Das heißt auch, daß ich im Grunde genommen um eine positive Skepsis bitte – meiner Zuhörer im Vortrag oder auch im Seminar. Es ist gut, wenn wir nicht eine Zweifelsucht einem noch unorthodoxen Inhalt entgegenbringen, sondern eine gesunde Skepsis, die uns hilft, uns ein heute relativ unbekanntes Gebiet seriös zu erarbeiten. Indem wir Fragen stellen, auch mal in Frage stellen, nicht wahr. Das ist eine gute Basis, um uns ein so wichtiges Thema – nach meiner Erkenntnis das wichtigste überhaupt, das geistig-seelische, seriös zu erarbeiten.

Ich sprach von der einseitigen Ausbildung, die wir heute im technisch-naturwissenschaftlichen Zeitalter mehr oder weniger alle erlebt haben und noch erleben. Ich war vor einigen Jahren zu einer Weiterbildung bei Prof. Milton Erickson in Arizona. Prof. Erickson ist – so sagt man – einer der berühmtesten klinischen Hypnosetherapeuten. Hypnose, nur ganz knapp und daher unvollkommen dargestellt in der Kürze der Zeit, Hypnose ist eine Einengung des Bewußtseins zugunsten der Wahrnehmung eines bestimmten Ausschnittes der Realität, zulasten der Wahrnehmung aller anderen Realitätsbereiche. Nun, jetzt tritt noch keine Hypnose ein. Die Hypnose tritt erst dann ein, wenn wir diesen einengenden Bewußtseinszustand wiederholen, dann tritt die Hypnose ein.

Und wenn Sie jetzt einmal diese meine Ausführungen auf unsere heutige Bildung beziehen, nämlich die einseitige schulische Bildung, die uns aufgefordert hat, uns nur auf das Äußere, Wäg- und Meßbare auszurichten – und diesen einseitigen Vorgang haben wir im Laufe unseres Lebens ständig wiederholt –, dann können Sie einen Eindruck gewinnen, daß heute sehr viele Menschen in einer Hypnose sind. Weil sie die Bedingungen der Hypnose erfüllt haben: Einengung des Bewußtseins auf einen Ausschnitt der Realität – den rein äußeren –, und diesen Vorgang ständig wiederholen.

Und so hat uns Prof. Milton Erickson sehr deutlich und im Grunde genommen auch dramatisch gelehrt, wie es der heutige intellektuell gebildete Mensch – daran ist nichts Negatives, nur die Einseitigkeit ist negativ – wie es der heutige rein intellektuell gebildete Mensch sehr schwer hat, das sogenannte Ideelle, das Geistige, das Höhere zu erkennen und in sein Leben bewußt einzubeziehen, weil er zum Teil in Hypnose ist, die ihn auf das rein Äußere reduziert. Dadurch sind viele Aktivitäten bar aller höheren ideellen Werte und können zerstörend wirken.

In den vergangenen Kulturepochen gab es wohl nicht so sehr wie heute eine intellektuelle Bildung, die so notwendig ist. Aber unsere Vorfahren haben viel gewußt über den geistig-seelischen Bereich. Und wenn wir darüber Auskünfte und Aufklärungen haben wollen, dann müssen wir zurückgehen in die vergangenen Kulturepochen – dort finden wir die Weisheit, allerdings auch nur bei den geistigen Führern, Philosophen, Eingeweihten – nicht beim Volk. Auch einige heutige Naturwissenschaftler, vor allem Gehirnforscher und Physiker, machten Entdeckungen und haben ein Wissen, das zum Teil mit der Weisheit der großen Eingeweihten identisch ist. Ich sollte vielleicht an dieser Stelle – um dies ein bißchen besser zu verdeutlichen – darstellen, daß ich, als ich unser zweites Seminar, das OMEGA-TRAINING, ausarbeitete, das sich unter anderem mit den sieben heiligen Gesetzen des Altägypters Hermes Trismegistos – Hermes = geheim, Trismegistos = der dreimal Große – als ich mich mit seinen sieben heiligen Gesetzen befaßte, mußte ich die diversen Kulturepochen nach ihrem weisheitsvollen geistig-seelischen Gehalt durchstudieren. Und dabei stellte ich etwas fest: daß wir die einzige Kulturepoche sind, die Geist und Seele – Seele in ihrem unsterblichen Aspekt – radikal ausprogrammiert hat. Wir sind eine geist- und seelenlose Kulturepoche. Ich müßte eigentlich mit zwei Zungen sprechen. Weil nach dem Gesetz der Polarität – ich will ganz kurz die Gesetze erklären – nach dem Gesetz der Polarität ist es nicht haltbar, eine Sache nur einseitig, nur negativ oder positiv, darzustellen. Wenn ich unsere heutige Zeit in einigen Aspekten ein wenig negativ darstelle, so hat sie auch wunderbar Positives zu bieten. Das möchte ich nur der Vollständigkeit halber erwähnen. Wenn ich schon von den sieben heiligen Gesetzen spreche – ich kann mir vorstellen, daß einige von Ihnen eventuell doch Interesse daran haben –, so sollte ich sie kurz erläutern. Der Vortrag bezieht sich nicht auf die sieben heiligen Gesetze. Und dennoch möchte ich sie ganz knapp erklären, weil sie Ihnen eine Hilfe bieten könnten, indem sie Ihnen zeigen, daß alles von kosmischen Gesetzen gesteuert wird. Nicht manipuliert wird. Denn es gibt nur Entwicklung, wenn es die innere Freiheit gibt.

Das erste Gesetz ist *das Gesetz des Geistes.* Alles ist geistig. Alles. Wenn man versucht, sich philosophisch auszudrücken, dann ist es wesentlich, dem einzelnen Wort die Bedeutung beizumessen, die es hat. Alles ist geistig. Alles ist durch den Geist entstanden, durch die Idee, die Phantasie. Das ist etwas, was ich heute abend mit Sicherheit noch näher erklären werde. Deswegen, weil mit dieser Aussage jeder einzelne von Ihnen seine Macht, seine schöpferische Kraft, erkennen kann, die in ihm selber liegt. Und darum gebe ich mir Mühe, Ihnen das doch so nahezubringen, daß Sie diese innere geistige Macht allmählich zu erkennen beginnen – um sie dann anzuwenden. Zu Ihrem Vorteil auf den diversen Ebenen und zu Ihrer positiven Entwicklung, die immer den *anderen einbeziehen sollte. Auch das ist ein Thema des heutigen Abends.*

Alles ist geistig. Der Geist ist in allem. Auch im Mineral, er ist nur umkleidet von einem Stein, der Geist. Der Geist ist umkleidet vom pflanzlichen Bereich. Darin wirkt der lebende Geist. Im Tierkörper ist der lebende Geist, wie im Menschenkörper der Menschengeist ist. In allem lebt der Geist, da alles geistig ist.

Im ersten Gesetz heißt es: »Wir benutzen« – so Hermes Trismegistos – »den Begriff Geist, ohne uns bewußt zu sein, was Geist eigentlich ist. Wenn wir diesen Begriff benutzen, sollten wir uns klar sein, daß wir nicht ganz wissen, was er bedeutet. Denn Geist ist für den menschlichen Verstand unfaßbar.« Wenn wir den Versuch machen, mit einer gewissen philosophischen Klarheit vorzugehen, dann kommen wir auch zu einer Bescheidenheit, daß wir immer spüren: Ich erfasse zwar einen Teil, aber eben nicht das Ganze. Wie schön, daß der andere einen anderen Teil erfaßt; ich kann von ihm lernen, daher brauchen wir einander.

Das zweite hermetische Gesetz der Entsprechung. Alles entspricht sich. Wie oben, so unten. Wie unten, so oben. Man darf von einer universalen Vernetzung sprechen. Alles ist einheitlich miteinander vernetzt. Ein einzigartiges universales Informationssystem. Darin nichts isoliert ist. Wollen wir diese vernetzte Ganzheit besser erfassen, so müssen wir zum auf das Spezielle ausgerichtete Denken – aus dem das Spezialistentum entstand – ein trainiertes ganzheitliches Denken hinzufügen, das eine Bewußtseinsentfaltung bewirkt. – Kein Mensch ist isoliert. Der Mensch hat geistig-seelisch Kontakt zu allen anderen Menschen über das kollektive Unbewußte – eine Skizze, die heute abend noch kommt – der Mensch hat einen *kosmischen Kontakt durch seinen geistig-seelischen Bereich, der ihm die Gemeinsamkeit mit kosmischen Kräften gibt. Den Kontakt, die Kommunikation zu kosmischen Kräften, was sich bei der Mehrzahl der Menschheit im Unterbewußtsein abspielt.*

Im jetzigen Bewußtseinszeitalter, in dem wir leben, Wassermann-Zeitalter astrologisch gesehen, haben die Menschen eine ganz bestimmte Aufgabe. Von Aufgaben kann man eigentlich nur dann sprechen, wenn der einzelne durch erarbeitetes Wissen diese Aufgabe erkannt hat. Man kann sie niemandem aufoktroyieren. Nur aus einer gewissen Erkenntnis heraus darf man dann von einer Aufgabe sprechen, sich dem geistig-seelischen Bereich zu öffnen.

Das *dritte hermetische Gesetz der Vibration und Schwingung.* Alles vibriert, schwingt, zirkuliert, nichts steht still. Würde etwas stillstehen, könnten wir den Begriff »Entwicklung« nicht haben. Aber wir haben den Begriff Entwicklung. Alles schwingt; wie der Physiker sagt: Es gibt keine Materie. Materie ist Strahlung. Alles strahlt, vibriert. Und unsere klare geistige Ausrichtung, wenn sie klar ist, wenn sie stark ist, kann in die Schwingungen sogar der Materie eingreifen. Auch unsere Gedanken sind Schwingungen. Und diese Schwingungen beinhalten die Qualität unserer Gedanken. Schwingungen, die jeden und alles durchdringen und entsprechende Wirkungen im geistig-seelischen wie auch in äußeren Bereichen erzeugen. Darum ist eine Gedankenkultur von wesentlicher, notwendiger Bedeutung.

Ich habe vor einigen Jahren mit Indianern, mit indianischen Medizinmännern, in den USA gelebt. Nicht alles kann man nur aus Büchern lernen. Nicht, daß ich die indianische Kultur jetzt lehrend weitergeben möchte. Aus allem kann man – dem heutigen Bewußtseinszustand angemessen – etwas zum Woh-

le aller herausnehmen, aber sicherlich nie das Ganze übernehmen. Ich habe einiges von den indianischen Medizinmännern lernen können, worüber ich ausführlicher im Seminar berichten kann, zum Beispiel über den einzigartigen Wert der Konzentration. Wir haben in unserer Zeit die Konzentration verlernt – wir sind unkonzentriert, auch durch die vielen Abwechslungen, die uns geboten werden. Und die fehlende Konzentration nimmt uns unsere geistige Macht und bewirkt u. a. eine Nervosität. Nun, das haben viele alte Kulturvölker gewußt. Nicht immer der einzelne innerhalb des Volkes, wohl aber die geistigen Führer. Daß die Macht des Geistes zur Wirkung kommt durch eine Konzentration! Auch heute noch wird in manchen Klöstern – ich weiß es zum Beispiel von buddhistischen Klöstern, die ich kürzlich in Thailand aufsuchte – von den Mönchen Konzentration gelehrt. Konzentration ist Bündelung des Geistes. Geist ist identisch mit Energie. Fehlende Konzentration – hier zerfließt die Energie –, und wir dürfen dann von Streß und Nervosität sprechen. Konzentration gibt uns alle Energie. Und mit der Konzentration – es gehört noch eine gewisse Schulung dazu, die Sie bei uns im FRIEBE-ALPHA-TRAINING erleben – durch die Konzentration können Sie machtvolle Schwingungen erreichen. Zu Ihrem Wohl und zum Wohle des anderen. Und können ganz bestimmte gezielte, gewünschte Wirkungen erreichen. Nun, durch die indianischen Häuptlinge habe ich erfahren, daß das, was wir im Volksmund Wunder nennen, nur die Anwendung der geistigen Gesetze ist. Durch die Anwendung z. B. des ersten hermetischen Gesetzes »Alles ist Geist« und des dritten Gesetzes, bei dem ich im Moment bin – »Alles ist Schwingung«. Durch die Konzentration des Geistes geht der Medizinmann oder Häuptling – und dies trifft sicher nicht auf jeden Häuptling zu – sogar in die Schwingungen der Materie hinein. Er kann die Materie teilen. Er kann die Naturgesetze außer Kraft setzen. Und das ist nicht nur ein Märchen. Aber es ist legitim, wenn es der eine oder andere als Märchen betrachten will.

Das vierte Gesetz ist das Gesetz der Polarität. Alles ist polar. Oben – unten, heiß – kalt. Liebe – Haß. Negativer Pol – positiver Pol. Alles ist polar. Zwischen den beiden Polen – negativer Pol, positiver Pol – sollte sich im Sinne einer positiven Bewußtseinsentfaltung unser Bewußtsein hin- und herbewegen. Es steht also einer positiven Bewußtseinsentfaltung im Wege, wenn wir unser Bewußtsein einseitig, zum Beispiel auf den negativen Pol, ausrichten. Nicht wahr, dann haben wir Schlagseite. Wir leben nicht in der Realität, weil zu der Realität beide Pole – positiver und negativer – gehören. Genauso Schlagseite hätten wir, wenn wir ein fanatischer Positivist wären. Beide Pole wahrzunehmen sollte das Bestreben sein zum Zwecke einer positiven Persönlichkeitsentwicklung. Bewußtseinsentfaltung ist immer gleichzusetzen mit einer Persönlichkeitsentwicklung. Wie das Studium zeigt, werden im Laufe dieser gewaltigen Bewußtseinsevolution die beiden Pole sich in einer harmonischen Einheit finden. Das vierte Gesetz der Polarität fordert uns auf, unser Bewußtsein vorwiegend auf den positiven Pol zu konzentrieren, da er uns mit aufbauenden, konstruktiven Ideen erfüllt, ohne dabei das Negative außer Acht zu lassen; es soll uns gerade als Inspirator dienen, das Bessere zu finden oder zu kreieren.

Das fünfte Gesetz des Rhythmus. Alles ist rhythmisch. Etwas: ein Kind, eine Nation, ein Philosophiesystem, was auch immer, wird geboren, taucht das erste Mal auf, wächst, gedeiht und erreicht sei-

nen Höhepunkt, nur um wieder zu vergehen nach dem universalen Gesetz des Rhythmus, um dem Neuen Platz zu machen. Sehen Sie, wenn wir dieses Gesetz studieren, dann können wir ja nicht mehr sagen – diese Frage entspringt einer gewissen Unwissenheit: »Warum eigentlich sind alle anderen Kulturepochen auch vergangen? So weise können sie ja gar nicht gewesen sein. Sie sind vergangen, daran sehen wir gerade, sie haben es auch nicht gut gemacht.« Diese Frage oder Aussage entspringt einer gewissen Unwissenheit. Alles muß vergehen, um dem Neuen im Sinne dieser grandiosen Bewußtseinsevolution Platz zu machen. Sehen Sie, wenn wir diese Gesetze studieren, dann können wir ja gar nicht mehr verzweifelt sein, wenn etwas vergeht. Auch einmal vergeht der Körper, er muß vergehen im Sinne dieser Bewußtseinsevolution; damit wir auf einer anderen Ebene unseren Lernprozeß fortsetzen können. Auf einer Ebene, wo der Körper kein Zuhause mehr finden würde, weil er nur auf der rein materiellen Schwingungsebene sein Zuhause hat. Auf geistigen Schwingungsebenen können sich nur Geist und Seele halten. Das, was wir primär sind.

Das Gesetz des Rhythmus fordert uns auch auf, nicht starr festzuhalten z. B. an einer Situation und uns nicht zu klammern z. B. an einen Menschen, einen Zustand. Tritt eine Änderung ein, dann geh bejahend mit, lebe mit dem Rhythmus, dann erlebst Du eine erlösende, erfreuliche Entwicklung an Dir. Und sei stets offen für das Neue, sei unbedingt flexibel im Denken; halte nicht unüberlegt am Alten, an überkommenen Einstellungen fest. Dies fordert das hermetische Gesetz zum Wohle unserer Entwicklung.

Das sechste Gesetz der Kausalität. Es zeigt uns, daß es keinen Zufall gibt. Zufall, so Hermes Trisme-

gistos, ist ein Begriff für eine nicht erkannte Ursache. Was wir nicht erkennen, da leisten wir uns zu sagen – und das ist legitim – einmal zu sagen: Ach, welch ein Zufall. Das Kausalitätsgesetz zeigt uns, daß jede Wirkung eine Ursache hat. Die Ursache erkennen wir nicht immer, aber die Ursache ist da. Das Kausalitätsgesetz zeigt uns: »Was wir heute denken, wird morgen sein!« Was wir heute denken, wird morgen sein, das erinnert mich an ein Werk, über Zarathustra geschrieben, einem großen persischen Eingeweihten. Ich habe antiquarisch ein Werk erhalten, das etwa 200 Jahre alt ist. Es ist tief beeindruckend und berührend, wenn wir die geistigen Führer, die Eingeweihten der vergangenen Kulturepochen, studieren. Mein Mann und ich haben aus diesem Studium ein praktikables Konzentrat für unser Training geschaffen. Es beinhaltet z. B. die Weisheit der heiligen Rishis der uraltindischen Kulturepoche; der altpersischen, hier der Eingeweihte Zarathustra, die Aussagen der altägyptischen Hohepriester und die großartigen philosophischen Ausrichtungen der griechischen Denker. Vergleichen wir diese Aussagen, so entdecken wir: Sie unterstützen sich. Und daraus wächst bei einem solchen Studium eine innere Sicherheit. Zumindest dann, wenn man das theoretisch erarbeitete Wissen eben nicht in der Theorie läßt, sondern auch versucht, es in die Praxis umzusetzen, Erfahrungen macht, dann wächst eine Überzeugung, und es wächst etwas Weiteres: eine Ehrfurcht vor den geistigen Bereichen.

Das siebente Gesetz des Geschlechts. Geschlecht in allem. Nicht nur im Organischen. Auch sogar in den Teilchen, Atomen, Molekülen, Elektronen usw. Alles zieht sich an und stößt sich ab. Und durch diese Anziehung und Abstoßung entstehen unter anderem die chemische Affinität sowie die physikalischen Er-

scheinungen. Die chemischen und physikalischen Erscheinungen sind die Wirkungen vom geistigen Gesetz des Geschlechts. Die Ursache liegt immer im Geistigen. Die Wirkungen können mitunter sichtbar sein. Aber die Ursache liegt im Geistigen.

Nun, das ist ein ganz knapper Einblick in die sieben heiligen Gesetze des Hermes Trismegistos, der etwa vor 5000 Jahren die erste Mysterienstätte oder Geheimschule gegründet hatte.

Ich will noch zurückkommen heute abend auf das erste Gesetz des Geistes und auf das vierte Gesetz der Polarität. Vielleicht war es deswegen ganz gut, wenn ich die Gesetze knapp im Konzentrat genannt habe.

Ich zeige Ihnen jetzt einige Techniken, geistige Techniken, mit denen Sie Ziele erreichen, Probleme überwinden können. Geistige Techniken, die Sie heute überall in den diversen Ländern finden können; sie stammen nicht von uns – sie sind zum Teil uralt, teilweise finden wir sie in altägyptischen Mysterienstätten. Umgewandelt sind sie heute in eine etwas modernere Form, so daß sie unserem Bewußtsein zugänglich sind. Nichtsdestoweniger haben sie aber die gleichen tiefgreifenden Wirkungen, die sie seit Jahrtausenden hatten. Mit Hilfe dieser Techniken – wir könnten auch Meditationen sagen – können wir in geistig-seelische Bereiche vordringen. Die Techniken also sind nur Hilfsmittel, Krücken. Das ist nicht der eigentliche Wert unseres Seminars. Der Wert des Seminars liegt in der Vermittlung geistiger Erkenntnisse. Und hier muß ich sagen, es ist ein großer Verdienst meines Mannes, daß er eine Fähigkeit hatte, aus allen wesentlichen Kulturepochen, die uns doch große geistige Erkenntnisse gebracht haben, ein Konzentrat herauszuziehen und es mit modernen psychologischen Erkenntnissen zu verbin-

den. Und so ist das ALPHA-TRAINING, wie ich schon sagte – so, wie wir es aufgebaut haben –, kein bestimmter Weg, sondern ein Konzentrat aus den Erkenntnissen aller bisherigen Kulturepochen; unserem heutigen Bewußtsein zugänglich gemacht und so zugänglich gemacht, daß wir es mit erfreulichen Resultaten in kurzer Zeit praktizieren können.

Hermes Trismegistos führt aus: »Wissen ist Ballast, wenn es nicht gelebt wird.« Und an dieser Stelle möchte ich vielleicht noch etwas hinzusetzen, was mir immer klarer wird, je länger ich studiere:

Weisheit ist wenig bis nichts, wenn die Liebe fehlt! Die Liebe steht über allem. Und weil ich dies immer mehr erkannt habe im Laufe der Jahre, aus dem Grunde habe ich vor einiger Zeit im Palace-Hotel in Luzern einen Vortrag für ehemalige Kursteilnehmer gehalten über die universale Liebe. Ich weiß nicht, ob irgend jemand von Ihnen Interesse hat; wenn Sie Interesse hätten, können Sie auch eine Cassette über diesen Vortrag anfordern (Oesch Verlag, Zürich). Das nur nebenbei, ich will zurückgehen zum Thema.

Ich möchte Ihnen mit einigen Sätzen nur einen Einblick geben – bevor ich die nächste Skizze mache –, was jeder einzelne erreichen kann, wenn er seine brachliegenden unbewußten schöpferischen Kräfte anwendet. Nach der anfänglichen Skizze, mit der ich Ihnen zeigte, daß zirka 80 % all unserer Energien und Fähigkeiten brach im Unbewußten liegen; nach dieser Skizze können wir jetzt sagen, daß alle unsere Aktionen und Reaktionen zu 80 % und mehr maßgeblich vom Unterbewußtsein gesteuert – etwas härter ausgedrückt: manipuliert – werden. Merken Sie, von welch ausschlaggebender Bedeutung es ist, welche Qualität in unserem Unterbewußtsein liegt, denn sie strömt unaufhörlich in unsere bewußten

Denkprozesse ein, die das Äußere bewirken. Und so formen wir selbst unser Schicksal. Unterbewußtsein im übrigen: Dieses Wort ist identisch mit dem Begriff Seele. Unterbewußtsein, Seele, beides die gleichen Begriffe für denselben geistigen Zustand. Die Seele ist uns zum großen Teil noch unbewußt. Im Seminar wie auch in unserem Buch »Das ALPHA-TRAINING«, Oesch Verlag, Zürich, vermittle ich den Kursteilnehmern ein Wissen – soweit es meinen bisherigen Erkenntnissen entspricht – über die Struktur des Unterbewußtseins. Ihr eigenes Wissen ist dann das Fundament, auf dem Ihre Überzeugung wachsen kann. Darum ist Wissen so wichtig. Es macht Sie auch unabhängig und frei von jeder lehrenden Person.

Ich sagte, daß ich ein etwa 200 Jahre altes Buch erhalten habe über die großartige Philosophie des Zarathustra. Wir dürfen uns in keiner Richtung festlegen. Daß jeder das herausnimmt, was wir momentan verstehen und akzeptieren können. Was mir so sehr gefällt an der Zarathustra-Philosophie, ist das, was ich beim Studium aller anderen Epochen auch immer wieder angetroffen habe: die Forderung, die der Schüler – früher nannte man sie Geheimschüler, weil ein solcher Unterricht nicht öffentlich gegeben werden durfte aus bestimmten Gründen – die Forderung an den Schüler: Reinheit in Gedanken, Worten, Gefühlen und Handlungen. Durch die Reinheit der Gedanken, Gefühle, Taten, durch die Reinheit auch des Wortes entwickeln wir uns zu einem reinen Kanal – wenn ich das mal so ausdrücken darf –, durch den dann eben höhere, reine Intelligenzen, Energieformen, durchdringen können. Wir verändern mit der Reinheit unserer Gedanken, Worte, Gefühle und Handlungen unsere momentane Schwingung, unsere Ausstrahlung.

Im übrigen: Ausstrahlung. Nicht wahr, was – zumindest bei den meisten Menschen – das physische Auge nicht sehen kann. Was dennoch zur Realität gehört. Diese Ausstrahlung allerdings hat man heute sogar mit physischen Instrumenten sichtbar machen können. Viele von Ihnen wissen es wahrscheinlich: eine neue Fotografie – so neu ist sie inzwischen auch nicht mehr – die Kirlian-Fotografie. Eine Fotografie im Hochfrequenzfeld mit ungefähr 120 000 Hertz, mit der man die Ausstrahlung fotografieren kann. Sie ist farbig. In den Farben kann man die jeweilige innere Einstellung des Menschen ablesen. Und diese Ausstrahlung ist gleichzusetzen mit Schwingungen, mit Energien. Energien, die Informationen anderen Energieformen geben. Wir ziehen immer das zu uns heran, was wir ausstrahlen. Und darum war immer die Forderung an den Geheimschüler, die Forderung, die heute für jeden Lernenden die gleiche Gültigkeit hat: Reinheit in Gedanken, Worten, Gefühlen und Handlungen herzustellen, weil sich diese Reinheit in seiner Ausstrahlung widerspiegelt und er entsprechende Kräfte, auch bestimmte Menschen wie ebenso Situationen heranzieht, die ihn fördern oder belasten. Wer düstere, negative, herabziehende Gedanken hat, zieht negative Kräfte heran, die ihn inspirieren, weiter negativ zu denken. So schafft er sich seine äußeren Situationen durch geistige Prozesse.

Nun, so können wir durch einen bewußten Zugang zum Unbewußten, den wir in unserem Training mit Hilfe einer Meditation herstellen, zum Beispiel erreichen, Ihre Persönlichkeit zu entfalten – ich habe dies schon erwähnt. Psychologische Tests haben gezeigt, daß die Mehrzahl der Menschen sich unter einer ganz bestimmten Perspektive sieht. Vorwiegend z. B. unter der Perspektive der Berufsausbildung. Ist jemand Architekt, Hausfrau, Lehrerin, Schuster, was immer jemand ist, es ist der Beruf, der den Menschen die meiste Zeit des Tages über ausfüllt. Dadurch geschieht eine beständige einseitige Ansprache an sich selbst, zugunsten der Berufsausübung, zulasten aller anderen Persönlichkeitsbereiche. Dabei kann man – es ist mir ein Bedürfnis, daß ich es schaffe, zumindest im Seminar, es wirklich möglichst klar darzustellen – von einer multidimensionalen Persönlichkeit sprechen. Jeder einzelne Mensch ist ohne Ausnahme unendlich viel mehr, als er auch nur in seinen kühnsten Träumen von sich annehmen kann. Der Mensch sieht sich so reduziert. Er ahnt nichts, solange er nicht selber beginnt, sich auszubilden, er ahnt nichts von seiner unsterblichen multidimensionalen Größe. Das Wort »multidimensional« soll es eigentlich ausdrücken: der eigentliche Mensch, der nicht körperliche. Der Körper ist das Haus, in dem der Mensch lebt. Der eigentliche Mensch, das ICH-Bewußtsein, reicht in unendliche kosmische Weiten und Höhen. Denn daher kommt er. Darum darf man ja von der Weisheit des Unbewußten sprechen. Und darum ist eine positive Persönlichkeitsentfaltung so notwendig, damit wir allmählich das Unbewußte ins Bewußte transformieren, uns die geistig-seelischen Bereiche bewußt machen. Erst dann entwickeln wir uns zum wahren Menschen. Wir sind erst auf dem Wege, der »wahre Mensch« zu sein. Heute ist der Mensch noch in einem embryonalen Zustand. Erst durch eine treu praktizierte Geistes-Seelen-Kultur kann das höhere Selbst des Menschen geboren werden. Jeder einzelne trägt dieses höhere Selbst in sich, das nur darauf wartet, erkannt und entwickelt zu werden. Großartige Fähigkeiten werden damit zum Segen aller freigelegt.

Viele haben ein bißchen Angst – und ich verstehe diese Angst durchaus: »Ach, wenn ich mich so geistig entwickle, dann muß ich eventuell auf so vieles Äußere verzichten.« Nein, eine seriöse geistig-seelische Entwicklung bezieht immer das Äußere mit ein. Eine seriöse geistig-seelische Entwicklung spricht ja von der Ganzheit des Menschen: Körper, Seele und Geist. Den Körper sollen wir lieben wie auch das Materielle. Nur das Körperlich-Materielle mit dem Geistigen bereichern.

Dann zeige ich noch im Seminar – und ich bemühe mich, auch Ihnen im Vortrag soviel ich nur zeitlich kann zu geben, so daß Sie nach dem Vortrag schon anfangen können zu praktizieren – dann lehre ich noch im Seminar, nicht nur, wie wir die Persönlichkeit entfalten. Zu dieser Persönlichkeitsentfaltung gehört: Probleme überwinden zu können. Wir sollen uns nicht durch unsere Probleme, Schwierigkeiten herunterziehen lassen. Nein. Wir sollten Probleme – das ist mein spezielles Lehrprogramm – wir sollten Probleme als Aufgaben betrachten. Das muß ich natürlich so erklären, daß Sie auch die Motivation durch die Erklärung bekommen, das Problem als Aufgabe betrachten zu können.

Schauen Sie: Hätten wir keine Probleme, Schwächen und Schwierigkeiten, dann hätten wir keine Chance, uns zu entwickeln. Es sind gerade die Probleme, Schwächen, Schwierigkeiten, die uns helfen, an dieser grandiosen Bewußtseinsevolution teilzunehmen. Denn Sie schmerzen uns, die Probleme und Schwierigkeiten, wir wollen heraus. Und im Herauskommen machen wir Erfahrungen. Wir entwickeln uns. Wir benutzen die Probleme in einer speziellen, inspirierenden Weise, um zum Besseren und Höheren zu gelangen. Ein tiefgreifender Prozeß.

Nun, so, wie ich es erläutere – mit Hilfe von verschiedenen Techniken, die nicht der Wert an sich sind, ich sagte es schon, aber wertvolle Hilfsmittel – mit Hilfe von verschiedenen geistigen Techniken lernen Sie, Ihre Probleme und Schwierigkeiten, auch Schwächen, so zu überwinden, daß Sie gerade dabei noch eine Entwicklung durchmachen. Dadurch, daß Sie durch diese Ausbildung Ihr Niveau erhöhen. Sie entfernen sich von der problematischen Ebene. Sie hat keinen Bezug mehr zu Ihnen, Sie distanzieren sich. Und auf diesem erhöhten geistig-seelischen Niveau stehen Ihnen selbstverständlich andere Situationen zu, die diesem Niveau entsprechen. Kann man das verstehen, wenn ich mich so ausdrücke?

Sehen Sie. Dann können Sie doch nach diesen Aussagen die Chance haben, daß Sie nicht mehr jammern, klagen, traurig sind oder sogar manchmal verzweifelt sind über Ihre jeweiligen Probleme, Schwächen und Schwierigkeiten. Sie haben sie nötig, um sich zu entwickeln. Jeder von uns hat aus bestimmten Gründen gerade seine Probleme nötig. Wir sollten sie bejahen. Nicht, um uns diese Schwächen und Schwierigkeiten zu erhalten. Nein, um in der Bejahung sie zu überwinden. Aus dem »Noch-nicht-Guten« das sogenannte Gute zu entwickeln.

Ich habe eben gesagt, wir brauchen die Probleme, um an dieser grandiosen Bewußtseinsevolution teilzunehmen. Vielleicht mag ja bei manchem die Frage aufkommen: »Was ist das, Bewußtseinsevolution? Kann man das so behaupten, eine Evolution des Bewußtseins?« Es scheint ein Sinn, ja der Sinn, in unserer Entwicklung zu liegen. Ich sage, »es scheint«, denn die Erkenntnis wächst ja immer im Laufe des Studiums. Darum scheue ich mich, etwas zu behaupten. Es scheint der Sinn in unserer Entwicklung zu liegen, daß wir gerade durch Erkenntnisse, die wir uns aneignen und versuchen zu leben, durch Erkenntnisse höherer Art immer mehr unser Bewußtsein erweitern. Bis wir einmal, im Laufe der Bewußtseinsevolution, was sich sicher nicht auf ein Menschenleben von etwa 80 Jahren beziehen kann, bis wir einmal im Laufe der Bewußtseinsevolution einen Bewußtseinswinkel und -zustand erreicht haben, der so weit ist, daß er die gesamte Realität aufnehmen und widerspiegeln kann. Einen solchen weiten Bewußtseinszustand kann man wohl nur bezeichnen mit – welches Wort soll ich nehmen; ich habe eigentlich nur das eine Wort – »göttlich, gottähnlich.« Und darin scheint ein Sinn unserer ganzen Entwicklung zu liegen, einen solchen Bewußtseinszustand uns zu erringen: vom irdischen zum wahren, zum göttlichen Menschen zu gelangen.

Und dann kann man auch die Aussage verstehen: Das Paradies ist in euch. Es ist nicht irgendwo. Ich muß ja nicht erst aus meinem Körper heraus, irgendwohin. Nein, das ist jetzt, hier. In jedem einzelnen. Das sogenannte Paradies – was immer wir uns darunter vorstellen – ist ein Bewußtseinszustand. Und darum: Je mehr wir unser Bewußtsein durch errungene Erkenntnisse und gelebte Erkenntnisse erweitern, desto glücklicher werden wir. Im übrigen, auch das ist eine Erkenntnis, die ich gewonnen habe und auch in meinem Leben anzuwenden versuche: Eine gute, seriöse geistige Entwicklung muß immer einhergehen mit *Heiterkeit*.

Es gibt keinen traurigen Weisen. Dann ist er halt nicht weise. Man kann momentan traurig sein. Ja, das gibt's selbstverständlich. Aber das Bemühen sollte immer wieder nach Heiterkeit gehen. Denn die höheren geistigen Ebenen sind immer Licht. Und Licht ist Heiterkeit. Licht ist auch identisch mit Liebe. Erlebbar für uns Menschen durch Entwicklung.

Dann zeige ich im Seminar, wie Sie nicht nur Probleme überwinden und dabei eine Entwicklung erleben, sondern ich zeige auch, wie wir es erreichen, unser Schicksal selbst zu gestalten. Im Grunde Selbstgestalter unseres Schicksals zu sein im Rahmen der Möglichkeiten. Wir sollen nicht einem Schicksal ausgeliefert sein, sondern wir sollen es bewußt mitgestalten. Und das geht. Nicht immer im einzelnen, im detaillierten Ablauf. Nein. Was ich lehre, ist – und was Sie erleben sollen an sich, wie unsere anderen Kursteilnehmer auch – ist, daß Sie durch ein ganz spezielles geistiges Vorgehen die Endresultate, die zukünftigen Endresultate der Ereignisse, in ihrer Qualität mitsteuern. Und das kann Ihnen ein Vertrauen in die Zukunft geben. Denn Sie gestalten Ihre Zukunft mit durch Ihre schöpferische Fähigkeit, die gerade durch die Ausbildung gefördert werden soll.

Und was ich Ihnen noch zeige, ist, wie Sie sogar Ihre Gesundheit stabilisieren können. Es geht so weit, daß Sie sogar vorhandene Krankheiten überwinden können. Natürlich ersetzt Ihnen unser Unterricht nicht den Arzt. Es gibt immer mehr Ärzte, die jetzt auch in unsere Seminare kommen, da sie doch wieder zur Ganzheit des Menschen tendieren, zur Ganzheitstherapie. Und darum wollen sie diesen Teil im Seminar, den geistig-seelischen, mit hinzulernen.

Professor Erickson zeigte uns einige hypnotische Experimente. Und hier könnte ich Ihnen vielleicht einmal erklären, was ich soeben gemeint habe mit »die Gesundheit zu stabilisieren, sogar vorhandene Krankheiten zu überwinden«. Ein Hypnotisierter hat einen Bleistift in der Hand, und man sagt ihm:

»Du hast ein glühendes Stück Eisen in der Hand – glühendes Eisen, glühendes Eisen. Die Wiederholung ist u.a. wesentlich. Der Hypnotisierte läßt nach einiger Zeit den Bleistift fallen, und was meinen Sie, was man an den Berührungsstellen der Finger sieht? Brandblasen. Natürlich nicht vom Stück Holz, das wissen wir, es ist unmöglich vom Holz des Bleistiftes. Von was denn?

Von der Vorstellung, von der Einbildung. In der Hypnose ist die Kontrollinstanz des Bewußtseins ausgeschaltet, in der Fremdhypnose; man arbeitet unmittelbar mit dem Unbewußten, verankert den Impuls »Glühendes Eisen« im Unbewußten. Das Unterbewußtsein gibt den Impuls an die Zellen des Organismus weiter – und hier erfolgt die Reaktion: Brandblasen. Hier nur ganz knapp dargestellt.

Eigentlich könnte Ihnen dieses Beispiel schon einen Schlüssel geben. Nämlich den Schlüssel: Was Sie sich eingeben, kommt heraus. Mit der Computersprache zu sprechen – der Input ist gleich dem Output. Was Sie sich wiederholt engagiert eingeben, widerspiegelt in diesem Beispiel Ihr Körper – in bezug auf die Gesundheit. Auch der große Arzt, Heiler und Philosoph Paracelsus hatte dieses Wissen. Und das ist es, was wir heute von Medizinern, von aufgeschlossenen zumindest, natürlich noch nicht von allen, lernen können. Es gibt ein Forschungsinstitut in Amerika, geleitet von Dr. Carl Simonton. Dr. Simonton macht seit vielen Jahren Krebsforschung an Krebskranken, sogar mit Metastasenbildung. Und er hat festgestellt in seiner Forschung: Wenn er die Patienten behandelt mit herkömmlichen Medikamenten und zusätzlich mit Meditationen, wie wir sie auch in unserem Seminar lehren, dann kann der Patient, der mit diesen Meditationen arbeitet, bis zur Heilung selbst dann kommen, wenn er Krebs mit Metastasenbildung hat. Nicht in jedem Fall, aber doch bereits in einigen. Ich habe dies nicht nur aus Büchern, sondern als ich bei Professor Erickson in der Ausbildung war, habe ich dort – ich lernte zusammen mit Medizinern und Psychotherapeuten – einen Psychotherapeuten getroffen, der sich abends immer eine Mütze aufsetzte mit einer kleinen Plakette daran: »I love my life«. Ich habe ihn gefragt, was dies für ihn bedeutet: »Ich liebe mein Leben«. Er erzählte mir, er habe sein Leben wiedergewonnen, nachdem er es beinahe verloren hatte. »Ich hatte Krebs mit Metastasenbildung. Und ich hatte keine Hoffnung mehr. Und habe dann hier in Amerika einen Arzt kennengelernt, der mich auch mit den mir schon bekannten Medikamenten behandelte, doch zusätzlich mußte ich Meditationen machen. Ich mußte mit meinen Organen sprechen, mit meinen Zellen, als wären sie meine Freunde. Und ich mußte ihnen Impulse eingeben, Impulse der Gesundheit.« Er hat mir noch weitere Einzelheiten erzählt.

Aus Zeitmangel – ich habe immer die Uhr im Auge – kann ich hier nicht so detailliert eingehen, wie ich es gerne möchte. Er sagte, er hätte neben der Behandlung diese Meditationen gemacht, monatelang an diesem Forschungsinstitut von Dr. Simonton. Und er ist gesund geworden.

Was ich Ihnen jetzt sage, liegt etwa zehn Jahre zurück. Dann darf man wohl sagen, man ist gesund. Nur um Ihnen, mit so kleinen Beispielen am Rande, immer wieder von verschiedenen Seiten Ihre Macht zu zeigen, die Sie allein durch eine konzentrierte, positive geistige Einstellung haben und gewinnen können, verstehen Sie.

Ja, ich sollte Ihnen jetzt einiges über die Kreativität sagen. Jeder sehnt sich danach, möglichst gute

Ideen zu haben, um im besten Sinne vorwärtszukommen. Woher bekommen Sie denn gute Ideen? Sie können ja nicht nebenan in den Kaufmannsladen gehen, um ein Pfund gute Ideen für dies und jenes Projekt zu verlangen. Woher bekommen wir unsere Ideen? Aus uns selbst. Ja, wir sagen aus uns selbst. Aus welchem Bereich denn aus uns selbst? Zum größten Teil aus unserem Unterbewußtsein, dem geistig-seelischen Bereich. Genau dem Bereich, in den wir durch die genannte Ausbildung Zugang finden. Auch anders ausgedrückt: Durch die Entfaltung des Bewußtseins haben wir Zugang zu Ideen, die dem bloßen Verstand bisher nicht zugänglich waren.

Ist das so wichtig, Ideen zu haben? Woraus ist alles entstanden? Alles! Nehmen wir das Wort beim Worte. Woraus ist »alles« entstanden? Alles ist durch die Idee entstanden. Der schöne Raum mit den herrlichen Kristalleuchtern, in dem wir hier sind. Woraus ist er entstanden? Der Tisch, an dem Sie sitzen, das Glas, aus dem Sie jetzt trinken? Woraus? – Aus der Idee!

Die ganze Technik – woraus ist sie entstanden? Aus der Idee, aus der Phantasie, können wir auch sagen, nicht wahr. Alles, was ist, alles war zuerst in der Phantasie. Somit ist alles, was wir mit unseren äußeren fünf Sinnen wahrnehmen können, eine materialisierte Phantasie.

Nun, wenn ich sage »alles«, könnten Sie ja vielleicht die Frage aufwerfen: Alles? Auch Natur, Mineralreich, Pflanzenreich, Tierreich, schließlich auch der menschliche Bereich, ist das auch aus einer Idee entstanden? Ich würde darauf antworten, wenn Sie das akzeptieren könnten: Ja, auch hier möchte ich sagen, im Anfang war die Idee. Die Idee, der Logos eines übergeordneten Wesens, wie immer Sie es nennen wollen. Die Idee eines übergeordneten Wesens, aus der heraus all die Naturreiche einschließlich des Menschen entstanden sind. Und der Mensch, als geistiges Ebenbild dieses übergeordneten Wesens, macht unaufhörlich den gleichen Schöpfungsprozeß weiter: Im Anfang ist die Idee. So schafft sich der Mensch durch seine Ideen ebenfalls seine äußeren Situationen, an denen er immer ablesen kann, wie er sich vorher geistig-seelisch verhalten, eingestellt hat. Wir können also nicht lamentieren – ach, wie schrecklich. Wir können nicht irgendeinen lieben Gott tadeln. Er hat nicht die schrecklichen Situationen gemacht; er hat uns den Geist zum Denken gegeben. Die Schöpferkraft ist in uns, mit der wir uns die äußeren Gegebenheiten schaffen. Wollen wir sie ändern, weil sie uns nicht gefallen, müssen wir unsere innere Einstellung ändern: durch eine erarbeitete Geistes-Seelen-Kultur.

Jetzt kann ich zu der nächsten Skizze (Siehe Buch »Das ALPHA-TRAINING« Seite 93 ff. von Margarete Friebe, Oesch Verlag) übergehen, mit der ich Ihnen gerne ein wenig näher die Struktur des Unterbewußtseins erklären möchte, weil durch diese Erklärungen Sie besser mit dem Unterbewußtsein umgehen können: Alles, was Sie jemals in Ihrem Leben erlebt haben, vom Säuglingsalter an, hat in Ihnen, in Ihrer Seele, in Ihrem Unterbewußtsein, einen Niederschlag gefunden. Jedes Wort, jede Situation, jedes Bild, alles hat in Ihnen einen Eindruck hinterlassen. Ich zeichne Ihnen das hier an; so liegen im Unterbewußtsein eines jeden eine Menge von Eindrücken. Nun, keiner dieser Eindrücke geht verloren. Das hat uns Professor Erickson sehr deutlich demonstriert. Indem er den einen oder anderen in Hypnose versetzt hat und aufzeigte, daß alles, was wir als Säugling erlebt haben – es geht sogar noch über das Säuglingsalter hinaus –, in unserer Seele noch vorhanden ist. Eben auch dann, wenn wir es nicht mehr im Bewußtsein haben, uns nicht mehr daran erinnern können. Diese diversen Eindrücke, die alle in uns noch liegen, sind untereinander Querverbindungen, Assoziationen, eingegangen. Man spricht von einem Assoziationsgeflecht – so, wie ich es hier skizzenhaft darstelle. Nun, wenn Sie eine bestimmte Idee haben, das muß keine weltbewegende sein, irgendeine Idee, die jeweils im Bewußtsein aufleuchtet, so löst jede Ihrer Ideen die ihr gemäßen Erinnerungen und Assoziationen aus. Beladen mit diesen Erinnerungen und Assoziationen, kehrt jede Idee ins Bewußtsein zurück. So daß jeder von uns gemäß den in uns liegenden inneren Assoziationen und Querverbindungen reagiert.

Einmal auf die Praxis bezogen: Alle äußeren Eindrücke fallen über die äußeren Sinne auf das jeweils individuell gefärbte Assoziationsgeflecht. Gefärbt von diesem Assoziationsgeflecht, kommt jeder äußere Eindruck ins Bewußtsein zurück. So daß jeder von uns, wir können sagen: mit den Augen unserer Seele die Umwelt sieht. Ist dieses Assoziationsgeflecht vorwiegend negativ, so sehen wir uns selbst, die Mitmenschen sowie die Umwelt entsprechend negativ. Weil eben alles Äußere über die äußeren Sinne jetzt auf ein negativ gefärbtes Assoziationsgeflecht fällt. Und in dieser negativen Färbung wieder ins Bewußtsein zurückkommt.

Wenn wir jetzt – und das ist genau das, was wir lehren – dieses Assoziationsgeflecht in ein positives umgestalten, so verändern wir unsere Persönlichkeit zum Positiven. Wir können das Assoziationsgeflecht nicht herausreißen – das war unsere Frage im Anfang der Forschung: Können wir dieses Assoziationsgeflecht, falls es negativ ist, aus uns herausreißen und durch ein positives ersetzen, so, wie man heute ja auch Organe herausnimmt und durch neue ersetzt? Nun, das kann man nicht. Ist auch nicht nötig. Weil wir – und das bedarf eingehender Erläuterungen im Unterricht – dieses Assoziationsgeflecht durch ein neues, jetzt selbst gestaltetes positives, überlagern. Der Prozeß ist immer der gleiche: Alle äußeren Eindrücke fallen über die äußeren Sinne jetzt auf das neugestaltete positive Assoziationsgeflecht. Und in der positiven Färbung kommen die äußeren Eindrücke zurück. Und wir können positiv konstruktiv reagieren, dem Aufbau und der Entwicklung zu unserem und dem Wohle anderer dienen.

Auf die Muster des Unterbewußtseins können wir einwirken durch gezielte positive Gedanken. Gedanken gestalten unser Schicksal! Darum muß ich natürlich im Unterricht konkrete Aufklärungen und Anleitungen über eine gezielte Gedankenkultur geben – so daß es Ihnen sogar Freude macht. Die Techniken unterstützen uns dabei. Und damit verändern wir durch ein nunmehr selbst gestaltetes positives Assoziationsgeflecht unsere Ausstrahlung zum Positiven. Sie wirken anziehend. Man möchte mit Ihnen zusammensein. Auch beruflicherseits; man fördert Sie. Man bringt Ihnen Vertrauen entgegen. Man spürt Ihre positive Ausstrahlung. Sie ist nicht zu sehen, aber spürbar. Sie sind schon einem Menschen begegnet und haben gesagt, ach,wie angenehm; ich hab' zwar noch nicht mit ihm gesprochen, aber ich hab' das Bedürfnis, mit ihm einmal zusammenzusein. Er hat irgendwie eine angenehme Ausstrahlung. Oder umgekehrt; Sie gehen ein bißchen auf Distanz. Das vermittelt Ihnen Ihr Gefühl. Dies kann eine unangenehme Ausstrahlung bewirken.

Nun, ich zeige Ihnen jetzt eine Problemlösungstechnik, wie wir die Struktur des Unterbewußtseins zum Positiven verändern können. Die Technik kann ich Ihnen im Vortrag leider nicht in ihrer Vollkommenheit darstellen, weil ich sieben bis acht Stunden Vorbereitung brauche, bis ich sie dann verständlich anwendbar darstellen kann. Trotzdem habe ich den Vortrag so aufgebaut, daß Sie auch mit den wenigen Erläuterungen schon mit der Problemlösungstechnik etwas anfangen können.

Sie haben ein Problem. Niemand wird im Unterricht aufgefordert, darüber zu sprechen. Sie konfrontieren sich in einer meditativen Übung mit einem Ihrer Probleme. Es kann Ihr schwierigstes sein. Sie machen eine Problemstudie. Sie versuchen in der Meditation, wenn Sie sich mit diesem Problem konfrontieren, einige Komponenten dieses Problems zu erfassen, die Ihnen jetzt bewußt sind. Wir gehen nicht analytisch vor. Wir nehmen die Komponenten des Problems, die uns jetzt eben bewußt sind und uns belasten. Und nachdem wir uns mit dem Problem in der Meditation konfrontiert haben, löschen wir es aus. Den Auslöschvorgang muß ich Ihnen genau erklären. Dazu fehlt jetzt die Zeit. Wir löschen also das Problem komplett aus. Damit ist es nicht weg. Was wir machen, ist, daß wir einen hochwirksamen tiefenpsychologischen Prozeß einleiten, das heißt, wir beginnen, seelisch gesehen, uns von dem Problem zu distanzieren. Nach diesem Löschungsakt verankern wir in uns den ersehnten Endzustand – wonach Sie sich so sehr sehnen. Und jetzt beginnt die eigentliche Aufgabe. Wann immer Sie an das Problem – das ja noch existent ist – erinnert werden, dürfen Sie Ihr Bewußtsein nicht mehr zurückorientieren auf das Problem, sondern Sie müssen Ihr Bewußtsein auf den ersehnten Endzustand, die Lösung konzentrieren. Warum? Nun, alles entsteht und erhält sich durch den Geist oder durch die Konzentration, die geistige Macht.

Wenn Sie nicht aufgeklärt sind, geben Sie dem Problem durch die Konzentration die Macht, sich nicht nur zu erhalten, sondern sich auch noch auszuweiten. Sie machen sich kreativ in Richtung des Problems. Sie ziehen weitere problematische Ideen aus sich heraus. Auf was Sie sich konzentrieren, das gibt Ihnen auch entsprechende Ideen. Konzentrieren Sie sich auf das Problematische, erhalten Sie weiterhin problematische Ideen. Die Konzentration zieht heran, was ihr entspricht, und mit der Macht des Unterbewußtseins steuern wir uns in Richtung unserer Leitbilder, Zielvorstellungen – auch Einbildungen.

Mit Ihrem Gedankenstrom – man könnte das so einmal versuchen auszudrücken – formen Sie einen Bewußtseinskanal, der unaufhörlich den Ideenkosmos abtastet. Keine Idee geht verloren, da sie reine Energie ist, Energie kann nicht verlorengehen, kann sich wandeln, aber nie verlorengehen. Der Bewußtseinskanal tastet den Ideenkosmos ab und bleibt immer dort stehen, wo er eine Entsprechung findet. Ist der Bewußtseinskanal auf das Problematische ausgerichtet, zieht er immer weitere problematische Ideen und auch Situationen zu sich heran.

Man kann sagen, die Gedanken haben eine Art magnetischen Charakter, sie ziehen immer magnetisch das zu sich heran, was Sie ansprechen. Wenn Sie negativ denken, das Schlimme befürchten, erhalten Sie auch rückwirkend eine negative Resonanz. Und darum dürfen wir, nachdem wir das Problem nur einmal gelöscht haben, es nicht immer wieder löschen. Würden Sie es immer wieder löschen, würde das heißen, dem Problem immer wieder die Aufmerksamkeit zu geben. Und wir wollen ihm gerade die Aufmerksamkeit entziehen. Und die Aufmerksamkeit wollen wir jetzt, wann immer wir an das Problem erinnert werden, der Lösung, dem ersehnten Endzustand geben. Und jetzt machen wir uns kreativ in Richtung der Lösung, des ersehnten Endzustandes. Bekamen wir vorher Ideen in bezug auf das Problem, weil wir an das Problematische dachten, bekommen wir jetzt Ideen in bezug auf die Lösung, weil wir uns auf die Lösung in unserer Vorstellung konzentrieren. Das ist bewußte geistige Aktivität. Das ist Entwicklung.

Kann man das verstehen, wenn ich es so ausführe? Oder wäre da irgendeine Frage? – weil es mir schon am Herzen liegt, daß man diese Ausführungen versteht. Sie sollen nicht nur theoretisch dargestellt werden, sondern Sie sollten sie praktizieren können.

So kann man Probleme verschiedenster Art löschen, überwinden und zu Lösungen kommen. Einige unserer Teilnehmer haben mit dieser Technik sogar Depressionen überwinden können. Ich denke da an eine Teilnehmerin, die Depressionen seit 15 Jahren gehabt hat. Sie hat mir mal zu Weihnachten einen Brief geschrieben; sie schrieb mir, sie sei etwa vor einem Jahr in meinem Kurs gewesen, und sie – ich frage ja nie, warum jemand kommt, nie wird im Seminar jemand von mir angesprochen, darum weiß ich die Gründe nicht – und sie sagte: »Ich bin gekommen, weil ich unter Depressionen litt und keiner mir hat helfen können; nachdem ich einige Monate mit dieser Technik – und der veränderten geistigen Einstellung – geübt habe, habe ich die Depressionen so überwunden, daß aus einem Pessimisten ein Optimist geworden ist«, und sie fügte hinzu: »Und das mit meinen 63 Jahren.« Es ist also nicht abhängig vom Alter. Es ist abhängig von der Intensität der Übung. Davon ist er abhängig, der Erfolg.

Wir verändern unser geistiges Niveau durch geistige Übungen auf der Basis einer bestimmten Gedankenkultur, die auch die äußeren Handlungen bestimmt. Dadurch verändern wir unsere Situation.

So habe ich auch einige Studenten, die sehr erfolgreich ihre Examensängste überwunden haben. Überhaupt Ängste der verschiedensten Art. Das ist wirklich erfreulich. Wir sollten uns befreien von Ängsten, sie hemmen uns. Gerade jetzt veranstaltet die »Schweizerische Handelszeitung« in Zusammenarbeit mit mir ein Seminar mit dem Titel: »Keine Angst vor der Angst«. Das ist ein spezielles Seminar, auf Unternehmer ausgerichtet. Ich gebe unter anderem auch Schulungen im Management.

Wir sollten uns also von Ängsten befreien. Und das können Sie. Darauf lege ich Wert im Seminar. Daß der Teilnehmer eine Motivation und auch einen möglichen Weg aufgezeigt bekommt, sich von Ängsten zu befreien. Das können wir, wenn Sie etwas von Ihrer inneren Größe erfahren, die Sie – jeder einzelne von Ihnen – die Sie in sich tragen. Zu dieser Größe passen keine Ängste. Solange der Mensch sich immer noch mit seiner Körperlichkeit identifiziert, mit allem Materiellen, mit seinen äußeren Statussymbolen, hat er Angst, er könne z. B. den Körper verlieren oder das Materielle. Von lauter Ängsten ist er geplagt. Wenn er sich viel umfassender sehen kann in seiner Ganzheit von Körper-Seele-Geist und lernt, daß er als Mensch vorwiegend Geist und Seele ist, der geistig-seelische Bereich, der momentan umhüllt ist von diesem Körper, mit einem solchen Wissen, das vom Kopfwissen zum Herzwissen werden sollte, baut er allmählich seine Ängste ab.

Nicht wahr: Diese Problemlösungstechnik, mit der Sie auch u. a. – was einige unserer Teilnehmer erlebt haben – Probleme im zwischenmenschlichen Bereich überwinden können, indem Sie Blockaden überwinden und dadurch dem andern besser helfen können, ihn vor allem besser verstehen, dieser Technik liegt das vierte Gesetz der Polarität zugrunde.

Allen unseren Techniken liegen die großen hermetischen Gesetze zugrunde. Darum stehen Ihnen auch gesetzmäßig Erfolge zu, weil Sie jetzt mit den Gesetzen wirken. Dieser Problemlösungstechnik liegt das Gesetz der Polarität zugrunde. Der positive Pol, der negative Pol, die Polaritätsskala, wie es die Skizze anzeigt. Wie die hermetischen Wissenschaftler ausführen, hat sich die Mehrzahl der Menschen angewöhnt, ihr Bewußtsein vorwiegend auf den negativen Pol auszurichten. Der negative Pol ist identisch mit negativen Schwingungen. Wer sich auf der negativen Schwingungsebene aufhält, erlebt selbstverständlich negative Situationen, denn dort sind sie ja zu Hause. Das ist logisch.

Wenn wir jetzt, angeregt durch diese gerade erklärte Technik, unser Bewußtsein in Richtung positiven Pol orientieren, das ist geistige Arbeit, klettern wir auf der Polaritätsskala nach oben. Mit allen positiven Erlebnissen, die diesem Bewußtseinsakt zugute kommen. Sie verändern Ihr geistig-seelisches Niveau, und es stehen Ihnen neue positive Erlebnisse und Ergebnisse zu.

Ja, und dazu gehört, was ich vorhin stichwortartig andeutete, daß wir eben nicht nur unsere Probleme überwinden, sondern daß wir auch unser Schicksal gestalten. Und das wird jetzt interessant für Sie. Die Skizze zeigt: Wir haben hier die Gegenwart, wir haben hier die Zukunft. Wir haben hier die vorgeprägten Ereignisse zur Zukunft, die ich Ihnen jetzt auf der Skizze darstelle. Nun, es kann nicht etwas vorgeprägt sein. Ich will damit nur beginnen, aber es kann eigentlich nicht stimmen. Denn wäre etwas vorgeprägt, wäre es ja festgelegt. Und wir sind ja in einer Entwicklung. Die Entwicklung läßt keine Prägung, nichts Festgelegtes zumindest zu. Es ist nur ein Beginn, und ich will das auch gleich besser erklären. Ich darf noch einmal erwähnen, dies hier sind die vorgeprägten Ereignisse zur Zukunft.

Zu diesen vorgeprägten Ereignissen zur Zukunft, zu denen ich noch Stellung nehme, liegen im Unterbewußtsein die geistigen Urbilder. Was ist ein geistiges Urbild? Man sollte ja die Begriffe definieren, mit denen man umgeht. Ein geistiges Urbild, das wäre zum Beispiel: Sie möchten jetzt gerne im Dezember zum Skilaufen nach Davos. Nun, das ist im Moment ein geistiges Urbild für das kommende Ereignis der Zukunft. Es ist jetzt noch nicht eine physische Realität geworden, es ist ein geistiges Urbild. So liegen in unserer Seele eine Menge geistiger Urbilder. Einige davon werden sich verwirklichen, andere nicht.

Nun, nicht jeder will gleich im Dezember zum Skilaufen nach Davos. So nehme ich mal ein anderes Beispiel, was vielleicht doch mehr oder weniger dem einzelnen entspricht. Jeder von Ihnen hat möglicherweise einmal eine wichtige Besprechung vor. Eine Besprechung, deren Ergebnis Ihnen am Herzen liegt. Nehmen wir einmal ein solches Beispiel: Nächste Woche an einem bestimmten Tag haben Sie eine wesentliche Besprechung. Das Ergebnis liegt Ihnen am Herzen. Im Moment ist die Besprechung noch ein geistiges Urbild zum kommenden Ereignis der Zukunft. Was wir machen in unserem FRIEBE-ALPHA-TRAINING, ist, daß Sie, von der Gegenwart ausgehend, sich durch eine Meditation, die ich ja zu lehren habe, ins Unterbewußtsein versetzen,

Kontakt aufnehmen zu diesem geistigen Urbild der kommenden Besprechung, und von hier aus, vom Niveau des Unterbewußtseins, mit der Kraft des Unterbewußtseins auf die Ereignisse der Zukunft korrigierend, verändernd, gestaltend einwirken. Sie kommen in Kontakt mit bereichernden, brachliegenden Ideen, zu denen Sie auf der Ebene des reinen Verstandesbewußtseins keinen Zugang gehabt hätten. Sie legen eine Parallelspur zum Schicksal, wie ich es hier anzeichne. Um diese Parallelspur geht es. Sie beginnen jetzt – in der Meditation beginnen Sie jetzt – das Endergebnis der Besprechung vorzuprägen; nicht den detaillierten Ablauf, da kann es Überraschungen geben. Sie stellen sich das Ergebnis dieser Besprechung vor. Das qualitative Ergebnis; wie soll das qualitative Resultat aussehen? Positiv! Erfolgreich! Auf jeden Fall. Sie verankern in der Meditation neue positive Leitbilder oder Wunschvorstellungen in sich. Diese inneren Leitbilder werden täglich in einer zirca 10- bis 15minütigen Meditation wieder aufgeladen. Die immense Macht des Unbewußten trägt durch bereichernde Ideen und Motivationen zur Erreichung des Zieles bei. Ich würde an Ihrer Stelle immer hinzusetzen: in Harmonie mit den anderen. Weil – gleich kommt die letzte Skizze, die dies erläutern soll – weil es sich bewährt hat, wenn Sie zu einem langfristigen Erfolg kommen wollen, dann müssen Sie den anderen mit einbeziehen. Wer irgend etwas zulasten eines anderen Menschen macht, macht es deswegen zu seinen eigenen Lasten, weil – was Ihnen die letzte Skizze gleich zeigen wird – wir geistig-seelisch eine einzigartige Einheit bilden. Wir schaden unserer eigenen Seele, wenn wir dem anderen schaden. Darum sagte ich eben: Stellen Sie sich das Endergebnis der Besprechung positiv vor, in Harmonie mit den anderen;

dies kann auch Kompromißbereitschaft oder ähnliches heißen.

Nun hat sich in der Forschung gezeigt, daß es nicht so wirkungsvoll ist, wenn wir uns ein Ergebnis nur abstrakt positiv vorstellen. Es ist zu lau, dieses Engramm in uns. Wir müssen uns das Ziel, den Wunsch, den wir haben, in seiner Erfüllung so vorstellen, daß wir eine klare geistige Vorstellung einerseits haben – wir müssen also klar wissen, was wir wollen – und dieser Vorstellung das positive Gefühl zuordnen. Wenn Sie sich das vielleicht einmal merken könnten; die beiden Komponenten zur Erfüllung eines Wunsches, zur Erreichung eine Zieles sind: klare geistige Vorstellung plus gefühlsmäßige Beigabe. Also, daß Sie sich die Freude vorstellen, die Sie haben werden, wenn Sie das Ziel erreichen, wenn Ihnen der Wunsch erfüllt wird. Diese beiden Komponenten sind wesentlich zur Erreichung des Zieles.

Die letzte Komponente eben, die ich nannte, das Gefühl auch der Zielvorstellung zuzuordnen, das ist nicht ganz leicht. Das bedarf eines gewissen Einsatzes, um auch das Gefühl hinzuzubekommen. Das Gefühl kann man ein bißchen fördern, wenn man entsprechende positive Bilder hat, dann zieht man ein bißchen das Gefühl dazu herauf, nicht wahr. So können Sie Ziele der verschiedensten Art erreichen. Ich sollte vielleicht der besseren Vollständigkeit halber hinzufügen: Es reicht natürlich nicht, wenn Sie einmal eine solche Übung machen. Damit ist das Engramm in Ihnen zu schwach. Wir müssen eine solche meditative Übung jeden Tag machen; sie dauert, wie erwähnt, zehn bis fünfzehn Minuten. Jeden Tag mit klarer geistiger Vorstellung und gefühlsmäßiger Untermauerung dieses Ziel wieder aufladen, dann ist das Engramm in uns auch so stark aufgeladen, daß es in unserem Beispiel bei der realen Besprechung zu wirken beginnt. Es gibt uns Impulse in Richtung der Zielvorstellung. Wir steuern mit der Kraft unseres Unbewußten – zu 80 % sind wir unbewußt – auf das Ziel los. Mit Hilfe von Ideen, die aus dem Unbewußten heraufkommen, auch mit Hilfe von entsprechenden Gesten, die das gesprochene Wort auch untermauern. Das Engramm, das gewünschte Leitbild, haben wir im Unterbewußtsein verankert, und es beginnt, inspirierend wie motivierend auf uns einzuwirken.

So können Sie Ziele der verschiedensten Art erreichen. Ich habe jetzt nur als Beispiel mal eine Besprechung angegeben. Sie haben vielleicht vor einigen Jahren im Fernsehen verfolgt – was auch durch die Presse ging –, wie Denise Biellmann Weltmeisterin im Eiskunstlauf wurde. Denise Biellmann ist von mir geschult worden. Zuerst sind wir beide in Innsbruck gewesen; sie hat mit diesen Techniken auf der Basis der Ausbildung, die sie im Kurs erlebte, geübt. Eine seelische Aufladung und Motivation erlebte sie, um zu diesem sportlichen Ergebnis zu kommen. Wozu ihr durch das Training verholfen wurde, ist: im rechten Moment auch ihre großartige Leistung zeigen zu können. Die Ängste und Hemmungen zu überwinden, die Kraft zu haben, das Beste zu geben. Nicht das Vorhandene wird strapaziert, sondern im Unterbewußtsein Brachliegendes wie Energien – vor allem auch Freude – werden aktiviert und gewonnen. So erreichen wir den äußeren Erfolg auf der Basis einer positiven Persönlichkeitsentfaltung. So wurde sie damals in Innsbruck Europameisterin. Zwei Monate später sind wir dann beide nach den USA geflogen. Sie sagte: »Frau Friebe, das hat so gut geklappt, ich habe soviel Vertrauen bekommen zu dieser inneren Kraft – jetzt stelle ich mir vor, es sollte möglich sein, auch Weltmeisterin zu werden.« Und dann sind wir nach Hartford geflogen. Man ist ja immer einige Tage vorher da, und wir haben uns gemeinsam auf das Ziel konzentriert. Man kann auch einem anderen helfen. Nie den eigenen Wunsch einem anderen aufoktroyieren, sondern den Wunsch des anderen müssen wir ernst nehmen, weil wir sonst manipulieren, wenn wir ihm unseren Wunsch aufoktroyieren. Denise wurde Weltmeisterin.

Wünsche jeder Art, ob sportliche, auch ideelle Ziele, sehr gut, können wir damit ansteuern. Will jemand z. B. geduldiger werden. Sehr wirksam und erfreulich, wie Sie mit dieser Technik arbeiten können. Hier haben tatsächlich etliche unserer Teilnehmer in relativ kurzer Zeit, es hängt unter anderem von der Intensität des geistigen Einsatzes ab, Ziele erreicht, zu denen sie bisher mit den herkömmlichen Mitteln nur des Verstandesbewußtseins nicht gekommen sind. Indem wir die Kraft des Unbewußten hinzunehmen, kommen wir zur Erreichung von Zielen, die wir sonst nicht erreicht haben.

Und das gibt uns ja Vertrauen in unsere Kraft. Es macht ja niemand anders für uns, wir machen es ja selbst. Darum ist es sehr wichtig, daß ein Unterricht auch so stattfindet – jedenfalls legen wir ganz großen Wert darauf –, daß keine Abhängigkeit zur lehrenden Person eintritt, sondern die Konzentration auf das Thema selbst gelenkt wird, denn damit sollen Sie ja dann leben.

Ja, ich wollte noch die vorgeprägten Ereignisse der Zukunft erklären: Alles, was gewesen ist und sein wird, muß vorher ein geistiges Urbild haben, bevor es überhaupt physisch in Erscheinung treten kann. Bevor Sie heute abend hierherkamen, hatten Sie ein geistiges Urbild: 20 Uhr im Kongreßhaus

Zürich, das FRIEBE-ALPHA-TRAINING. Ihr geistiges Urbild, bevor Sie dann die physischen Aktivitäten folgen ließen, um dann hierzusein. Alles muß zuerst ein geistiges Urbild haben. Dies kann aus bewußten Gedanken oder Phantasien bestehen. Die Reise, die geplante, die zukünftige Besprechung, alles ist erst im geistigen Urbild vorhanden, bevor sich unsere Aktivität daraus ergibt. So kann man sagen, daß sowohl unsere Seele als auch die Sphäre mit geistigen Urbildern aufgeladen ist.

Kann man das verstehen? Unsere Seele – ein rein geistiger Zustand – endet ja nicht an den Grenzen unserer Haut. Die Seele durchströmt – und zwar rein geistig, durch reine Energie, durch Schwingungen – durchströmt sie auch die Seele eines jeden anderen; und die Seele hat auch Kontakt zu kosmischen Bereichen. Da sie rein geistig ist, reine Energie, nicht örtlich gebunden wie ein physisches Organ, hat sie Kontakt zu allem, was ist. Darum, wenn wir durch eine gezielte Meditation mit der Seele Kontakt aufnehmen, bekommen wir auch einen Kontakt zu einem kosmischen Weisheitsgut. Nach und nach, in dem Maße, wie wir es jeweils für möglich halten können, kann es in unserem Bewußtsein aufleuchten. Nicht wahr. Die Sphäre also ist aufgeladen mit geistigen Urbildern. Einige davon werden sich physisch verwirklichen, andere nicht. Diejenigen werden sich möglicherweise physisch verwirklichen, auf die wir ausdauernd unsere Konzentration richten und sie mit Hilfe der Konzentration und der Motivation, die daraus entsteht, in unsere physische Realität durch entsprechende Aktivitäten hineinziehen.

So, angenommen, Sie gehen jetzt zu einem Astrologen. Es gibt heute schon einige sehr gute Astrologen, und es gibt einige, die weniger gut sind. Nämlich diejenigen, die ihre Klienten festlegen mit festlegenden Aussagen. Das entspringt einer Unwissenheit. Wir können nichts vorhersagen. Dann würde ja der Begriff Entwicklung nicht stimmen. Alles ist offen. Aber es gibt Tendenzen. Wenn Sie heute beginnen, Ihre Einstellung zu ändern dadurch, daß Sie etwas gehört oder gelesen haben, was Ihnen einleuchtet, und Sie disziplinieren sich – der Wille gehört schon dazu, nicht wahr –, bei der Änderung dieser Einstellung auch zu bleiben, in diesem Moment haben Sie neue Tendenzen gesetzt, hat die Vorhersage keine Berechtigung mehr, weil Sie sich geändert haben. Also, man kann keine festlegenden Vorhersagen machen. Man kann aber von Tendenzen sprechen. Das kann man sehr wohl.

Angenommen, Sie gehen zu einem Astrologen, der jetzt weniger gut ist und Sie mit einer Aussage festlegt: »Ja, ich habe jetzt auf Grund Ihrer Daten errechnet«, mag er sagen, »daß nächste Woche ein unangenehmes Ereignis eintritt, am besten, Sie bleiben im Bett liegen.« Nun, er hätte sogar recht, wenn Sie nichts weiter machen, als Ihre mitgebrachten Tendenzen nur auszuleben, Tendenzen, die ganz bestimmt nicht nur seit der physischen Geburt bestehen – was vielfach Psychologen noch meinen: Erbmasse, Erziehung, Umwelteinflüsse und einiges mehr machen die Tendenzen, die Schicksalstendenzen aus. – Der Mensch erscheint nicht erst mit dem Zeitpunkt der jetzigen Geburt hier. Dies ist nur ein kleiner Hinweis, was ich unter Tendenzen verstehe. Wenn also der Mensch nichts weiter macht, als seine mitgebrachten Tendenzen auszuleben, ja, dann hat dieser weniger gute Astrologe sogar recht. Er zieht die mitgebrachten Tendenzen, weil er sie auslebt, in seinen physischen Wirklichkeitsbereich hinein. Er wickelt sein Schicksal ab.

Diese blaue Linie auf unserer Skizze ist die »Abwicklungslinie«; er wickelt nur ab, was er mitgebracht hat. Da kann man gar nicht von »Entwicklung« sprechen. Wenn er aber – und das ist ja unsere Ausbildung, die wir geben – sich einem gewünschten Leitbild unterordnet, das er in sich verankert und immer wieder auflädt durch Konzentration, wenn er sich einem solchen Leitbild – Sie erinnern sich: dieses Wort ist identisch mit Zielvorstellung, mit Wunschvorstellung – wenn er sich einem solchen Leitbild unterordnet, dann rutscht er an den vorhergesagten Tendenzen vorbei, er zieht dieses in sich verankerte Leitbild in seinen physischen Wirklichkeitsbereich hinein, wie ich darstellte durch gewonnene Ideen und Motivationen, die ihn zu äußeren Aktivitäten inspirieren. Er hat begonnen, sich zu entwickeln. Diese Linie auf unserer Skizze ist die Entwicklungslinie. Jetzt hat sein Leben für ihn an Bedeutung gewonnen. Er unterordnet sich nicht mehr einem mitgebrachten Schicksal, sondern er hat begonnen, etwas daraus zu machen. Die Freude für die Zukunft hat er in sich. Denn er gestaltet mit im gewünschten Sinne.

Und das ist der Grund, warum viele unserer Teilnehmer Ziele ideeller wie materieller Art erreicht haben, an die sie sich jetzt sogar heranwagten, weil sie ihre immense Kraft kennengelernt haben, die im Unbewußten bisher brachgelegen hat. Da sie jetzt ausgebildet worden sind, diese Kraft anzuwenden. Zu ihrem Wohl – und ich sagte das an diesem einen Beispiel mit der Besprechung – und immer zum Wohle des anderen.

Zum Wohle des anderen. Die letzte Skizze, die ich Ihnen jetzt gerne machen möchte: Wir sind schon äußerlich voneinander getrennt, nicht wahr. Das ist sichtbar – die Trennung ist im Äußeren, das

Äußere trennt immer. Aber auf der geistig-seelischen Ebene besteht eine einzigartige Einheit. Geist und Seele durchströmen sich, die reine Energie durchströmt sich ständig. Gedanken erziehen die Seele. Auf der geistig-seelischen Ebene finden wir die wahre Brüderlichkeit. Hier ist sie zu finden. Auf der Ebene des Unterbewußtseins besteht eine beständige Kommunikation zwischen allen Menschen weltweit. Ihre Gedanken fließen über das kollektive Unbewußte – wie C. G. Jung es nennt – immer in die Seelen der Menschen, die auf Ihrer momentanen gedanklichen Wellenlänge liegen. Wie umgekehrt auch Sie die Gedanken und Gefühle all jener Menschen in Ihre Seele hineinziehen, auf deren Wellenlänge Sie sich erniedrigt oder erhöht haben.

Also in die Praxis umgesetzt: ein Mensch ist zum Beispiel ein Pessimist. Ein Pessimist ist über das kollektive Unbewußte automatisch angeschlossen zu Menschen, Menschengruppen und Situationen, die seiner pessimistischen Lebenseinstellung entsprechen. Er erhält automatisch zurück, was er ausgestrahlt hat: die Verstärkung seiner pessimistischen Lebenseinstellung. Ein Pessimist hat immer recht – Sie können nicht mit ihm streiten. Das ist der Ausschnitt der Realität, auf den er sein Bewußtsein ausgerichtet hat, womit entsprechend seine Seele erfüllt ist. Sie ist belastet, bedrückt.

Wie umgekehrt ein Optimist über das kollektive Unbewußte ebenfalls angeschlossen ist an Menschen, Menschengruppen und Situationen, die seiner positiven Lebenseinstellung entsprechen. Auch er erhält automatisch zurück, was er ausgestrahlt hat: die Verstärkung seiner optimistischen Lebenseinstellung. Auch er hat recht.

Gut ist, wenn wir aus Gründen der Realität hier dazwischenstehen, zwischen dem Negativen und dem Positiven. Aber aus Gründen des positiven Aufbaus, der positiven Entwicklung, uns disziplinieren und trainieren, unser Bewußtsein vorwiegend auf das Positive auszurichten. Mit unserer bewußten positiven Einstellung veredeln wir die Seele und entwickeln so auch das »Höhere Selbst« in uns.

Ich gebe Ihnen ein Beispiel. Wir haben hier eine brennende Flamme. Jetzt bitte ich Sie, nehmen Sie Ihren Finger, gehen Sie schnell durch die brennende Flamme. Kein Problem. Nehmen Sie jetzt Ihren Finger und lassen Sie ihn in der brennenden Flamme. Schrecklich. Das würde dem Bewußtseinsvorgang entsprechen. Nämlich: Wenn wir unser Bewußtsein im Negativen lassen, darin herumrühren, verbrennen wir unsere Seele. Wenn es uns gelingt – das ist auch im Laufe eines Trainings allmählich zu erreichen –, das Negative nicht emotional, sondern mehr sachlich wahrzunehmen, vielleicht auch eine Analyse zu machen, wie ist es dazu gekommen ist, aber nicht, um mit dem Bewußtsein im Negativen hängenzubleiben, sondern um sich vom Negativen inspirieren zu lassen: »Wie kann ich es besser machen«, dann benutzen wir das Negative, um uns inspirieren zu lassen, zum Besseren, zum Positiven, d. h. auch zur Lösung zu gelangen. Wir sind nicht mehr Sklave des Negativen, sondern wir haben es in die Schranken seiner wahren Funktion verwiesen: ein dienendes Element zu sein, damit wir an ihm wachsen können zum Höheren.

Das ist ein segensreiches Vorgehen! Eine wahre Geistes-Seelen-Kultur. Versuchen Sie einmal, nach diesen Aussagen sich selbst zu beobachten. Nicht andere herabziehen, kritisch. Sich selbst zu beobachten. Wie verhalte ich mich eigentlich immer? Rühre ich im Negativen herum? Lamentiere ich, wie schrecklich vieles ist? Nach diesen Ausführungen könnten Sie schon eventuell darauf kommen, daß Sie dann gerade das Negative verstärken. Denn: worauf Sie Ihr Bewußtsein richten, das bauen Sie ja gerade mit auf, weil die Sache selbst vom Bewußtsein lebt, von der Konzentration. Wenn Ihnen das einleuchtet, dann können Sie innerhalb kurzer Zeit, wenn Sie mit diesem Training leben, Veränderungen positiver Art in Ihrem Leben erfahren, nämlich, wenn Sie beginnen, sachlich das Negative wahrzunehmen – es muß ja noch vorhanden sein; wir haben ja das Gesetz der Polarität, positiv und negativ, das Negative muß ja noch vorhanden sein, nicht wahr, sich aber trotzdem »bewußt« auf das Positive konzentrieren. Es ist nicht immer leicht. Und indem wir uns zwischen den beiden Polen hin- und herbewegen, gelangen wir zur Bewußtseinserweiterung. Und einmal, ich kann nicht sagen am Ende der Entwicklung, denn ich kenne das Ende nicht, aber einmal, irgendwann, im Laufe und als Ergebnis der Evolution scheint es zu sein, daß die Polarität zusammenfällt und eine einzigartige Einheit bildet. Alle Gesetze fallen zusammen in einem einzigen Gesetz. Und dieses eine Gesetz ist ER, oder, wenn wir ein anderes Wort benutzen wollen, GOTT. Das Eine Gesetz im Menschen. Das WORT im Menschen. Der Logos – im Menschen. Nicht wahr. Das, was der wahre Mensch einmal zum Ausdruck bringen wird, das lebendige Wort – und erst dann ist aus dem irdischen Menschen, könnte man vielleicht so ausdrücken – ein göttlicher Mensch geworden.

So zeigt es das Studium der Geisteswissenschaft auf. Und wenn man versucht, danach zu leben, dann fühlt man: darin liegt eine gewaltige Wahrheit, die uns beeindruckt, die uns tief berührt.

Ja, und damit komme ich zum Schluß. Und möchte Sie noch einmal daran erinnern, was ich kurz am Anfang skizzenhaft dargestellt habe, nämlich an Ihre multidimensionale Persönlichkeit.

Unser ganzes Training ist eine einzigartige positive Persönlichkeitsschulung. Wenn Sie eine positive Persönlichkeitsentfaltung erreichen, dann tragen Sie diese positive Persönlichkeit, sich selbst, in Ihren Beruf hinein. Sie sind es ja selbst. Sie kommen zu positiven Erlebnissen: innerhalb Ihrer Familie, Ihres Freundeskreises, im Beruf. Da Sie es sind, der sich stets darstellt. Und wenn Sie sich als positive Persönlichkeit darstellen, haben Sie entsprechend andere Ergebnisse, als wenn Sie noch das Negative vermehrt zum Ausdruck bringen. Darum die Frage, wenn ich von Persönlichkeit spreche: Wer sind Sie?

Jetzt geben Sie mir Ihren Namen. Sie sagen mir Ihren Namen, Sie nennen mir Ihren Beruf, Ihr Alter, Ihre Größe, Ihr Gewicht, Ihre Herkunft, Ausbildung und vieles mehr.

Damit haben Sie mir nicht gesagt, wer Sie sind. Sie haben mir nur Ihre äußeren Daten genannt, vielleicht noch Titel, Ehrenbezeichnungen. Aber wer Sie wirklich sind, spiegelt sich wider in dem, was Sie ausdrücken könnten, mit den Worten: ICH BIN. Das wahre Menschsein spiegelt sich in dem Wort ICH. Damit ist nicht das Ego gemeint. Im OMEGA-TRAINING erkläre ich sehr deutlich den Unterschied zwischen EGO und ICH. Das ICH soll einmal im Laufe der Evolution das EGO überwinden, um in seiner wahren Größe, im »ICH BIN, DER ICH BIN«, zu erwachen.

Wenn wir nun an dieses ICH denken, das jeder einzelne von Ihnen ja darstellt – ICH BIN, was ist dieses ICH? Nun, dieses ICH hat kein Knochengerüst, keinen Blutkreislauf, keine physischen Organe. Nein, es ist nicht physisch. Es unterliegt damit auch nicht den physischen Gesetzen. Das ICH ist rein geistig. Wenn es rein geistig ist, das ICH, reine Energie, ja, dann kann es auch nicht sterben. Das befriedigt unsere Logik. Damit ist das ICH unsterblich.

Wenn es unsterblich ist, das ICH, müssen wir dann die Frage stellen: Ist es denn schon immer dagewesen? Und wird es auch noch in folgenden Kulturepochen da sein?

Die seriöse Geisteswissenschaft bestätigt es. Das ICH ist immer dagewesen und wird auch in kommenden Kulturepochen da sein. Zum Zwecke dieser gewaltigen Bewußtseinsentfaltung und -evolution. Die wahre Größe des Menschen widerspiegelt sich in unserem ICH. »ICH BIN, DER ICH BIN« – ist der wahre Name des Menschen. Und auf der Ebene des ICH finden wir unsere Brüderlichkeit, weil wir alle das ICH, das höhere Selbst, in uns haben, das nicht nur durch die Qualität unserer Gedanken, Worte und Taten erweckt wird, sondern vor allem durch eine bedingungslose Liebe, die versöhnend alles einbezieht.

Und damit möchte ich jetzt meinen Einführungsvortrag in unser Training schließen. Ich danke Ihnen ganz herzlich fürs Zuhören. Auf Wiedersehen.

Ein Anhang, der Sie weiterführen wird

Bücher für positive Lebensführung
Weiterführende Literatur aus dem
Oesch Verlag

Rolf Alexander
Gesundheit durch Seelenkraft
Das Abenteuer des menschlichen Lebens.
208 Seiten, gebunden
Der Schlüssel zur Gesundheit liegt in uns selbst!

Carol Colman/Michael P. Perelman
Lieber spät als nie
Wie Du Dich und Deine Welt erfolgreich verändern kannst.
Ein Mutmacher in jeder Lebenssituation
320 Seiten, gebunden

Margarete Friebe
Das Alpha-Training
Das Unbewußte entschleiert sich.
Der Zugang zu unserem Unterbewußtsein.
200 Seiten, gebunden

Margarete Friebe
Das Omega-Training
Vom menschlichen zum göttlichen Bewußtsein.
200 Seiten, gebunden

Margarete Friebe
Geh durchs Tor, Miranda
Erlebnisse im Universum durch kosmisches Bewußtsein.
200 Seiten, gebunden

Frank C. Laubach
Die stärkste Kraft der Welt – das Gebet
122 Seiten, gebunden

Albert M. Myers/Christopher P. Andersen
Erfolg über sechzig
Planen – Erreichen – Genießen.
Ein Buch für Optimisten!
272 Seiten, gebunden

Emil Oesch
Die Kunst, Zeit zu haben
Ratschläge für den Umgang mit unserem kostbarsten Gut.
93 Seiten, Leinen

Norman Vincent Peale
Begeisterung wirkt Wunder
Wie Du mehr aus Deinem Leben machst und Deinen Elan und Deinen Enthusiasmus ein Leben lang bewahren kannst.
240 Seiten, gebunden

Norman Vincent Peale
Die Kraft positiven Denkens
Die ewigen Lebensgesetze des Glaubens und Vertrauens.
Ein Buch, das Millionen von Menschen zu einem glücklicheren Leben führte.
324 Seiten, gebunden

Norman Vincent Peale
Heute fängt Dein Leben an
Ein positives Wort für jeden Tag.
260 Seiten, gebunden

relax – entspannt lebt man schöner und länger
Die Kunst der bewußten Entspannung.
171 Seiten, gebunden

Heinz Ryborz
Die geheime Kraft Ihrer Wünsche
Erfolg und Glück durch Aktivierung des Unterbewußtseins.
344 Seiten, gebunden
Wer sein Selbst aus inneren und äußeren Zwängen befreien will, der greife zu diesem Buch!

Heinz Ryborz
Jeder kann es schaffen
Wie man Hindernisse überwindet und seinem Leben neuen Sinn gibt.
360 Seiten, gebunden

Heinz Ryborz
Menschen erkennen, durchschauen, verstehen
Vom konstruktiven Umgang mit Menschen.
320 Seiten, gebunden
Das Buch, das von der Selbsterkenntnis ausgeht und aufzeigt, wie zwischenmenschliche Probleme gelöst und Konflikte vermieden werden können.

Heinz Ryborz
Hilfe und Heilung durch Symbole
In Vorbereitung.
Erscheinungstermin: Herbst 1989

Wolfgang Schömbs
Entspannt konzentriert
Streßbewältigung und Leistung.
Zen im Alltag.
178 Seiten, gebunden
Das Anti-Streß-Buch!

Alle Oesch-Bücher sind in Ihrer Buchhandlung erhältlich. Verlangen Sie das kostenlose Gesamtverzeichnis *»Bücher für positive Lebensgestaltung«* direkt beim Verlag.

Oesch Motivations-Cassetten beruhend auf dem Gedankengut von Prof. Heinz Ryborz

Positive Gedanken gestalten Dein Schicksal
Wie man negatives Denken überwindet.

Die Macht positiven Denkens
Lernen Sie, Ihre Gefühle besser zu kontrollieren.

Glaube an Dich selbst
Bauen Sie Ihr Selbstvertrauen auf.
So werden Sie selbstbewußt!

Wie Du mehr aus Deinem Leben machst
Trainieren Sie Ihren Willen.

Freude und Begeisterung durch positives Denken
So leiten und motivieren Sie Ihre Mitmenschen richtig.

Weitere Motivations-Cassetten von Professor Ryborz befinden sich in Vorbereitung.

Oesch Motivations-Cassetten und Bücher sind in Ihrer Buchhandlung erhältlich. Verlangen Sie das kostenlose Gesamtverzeichnis »*Bücher und Motivations-Cassetten für positive Lebensgestaltung*« direkt beim Verlag.

Oesch Motivations-Cassetten

Margarete Friebe
*Die heilige Pflicht zur Freude**
Machen Sie die Freude zu Ihrem ständigen Begleiter. Zwei Cassetten mit Begleitbuch.

Margarete Friebe
*Die universale Liebe**
Wie man liebesfähig und liebenswert wird.
Zwei Cassetten mit Begleitbuch.

Margarete Friebe
*Das Friebe-Alpha-Training**
So bereichern Sie Ihr Leben. Lernen Sie die innere Größe und Schönheit Ihrer Persönlichkeit kennen.
Cassette mit Begleitbuch.

Dr. Stefan Schaub
Entspannung und Selbsterfahrung durch Musik
Wege zur autogenen Entspannung mit Hilfe klassischer Musik.
Cassette mit Begleitbuch.

Dr. Wolfgang Schömbs
Entspannt konzentriert im Auto.
Wie man konzentriert fährt und entspannt ankommt.
Cassette mit Begleitbuch.

* Live-Aufzeichnungen an Vorträgen der bekannten Lebenshilfe-Autorin (keine musikalischen Hintergrundgeräusche, keine Subliminals).

Weitere Motivations-Cassetten sind in Vorbereitung.

Oesch Motivations-Cassetten und Bücher sind in Ihrer Buchhandlung erhältlich. Verlangen Sie das kostenlose Gesamtverzeichnis *»Bücher und Motivations-Cassetten für positive Lebensgestaltung«* direkt beim Verlag.

Bücher für positive Lebensgestaltung

Margarete Friebe
Das Alpha-Training
Das Unbewußte entschleiert sich
200 Seiten
Leinen mit Schutzumschlag
Leseband

Wer durch Alpha-Training den bewußten Zugang zum Unbewußten herstellt, schafft sich neue, umfassende Möglichkeiten, sein Leben positiv zu gestalten, Schwächen in Stärken umzuwandeln und einen tiefen, beglückenden Sinn in allem zu erleben.

Margarete Friebe
Das Omega-Training
Vom menschlichen zum göttlichen Bewußtsein
200 Seiten
Leinen mit Schutzumschlag
Leseband

Omega-Training vermittelt dem Leser einen tiefen Einblick in die ewig wirkenden Gesetze des altägyptischen Eingeweihten Hermes Trismegistos, die bei bewußter Anwendung zur Entwicklung und Erfahrung des höheren Selbst führen, das ihn seine verborgene geistige Größe erahnen läßt.

OESCH VERLAG
Klausstraße 10, CH-8008 Zürich

Erhältlich in Ihrer Buchhandlung.
Bitte verlangen Sie das kostenlose Gesamtverzeichnis.

Bücher für positive Lebensgestaltung

Die moderne Naturwissenschaft fordert eine Realität, die der Intellekt wägen und messen kann. Die philosophische Geisteswissenschaft fügt eine Realität hinzu, die einem geschulten Bewußtsein zugänglich und erlebbar ist.

Margarete Friebe

Margarete Friebe

Geh durchs Tor, Miranda

Erlebnisse im Universum durch kosmisches Bewußtsein

200 Seiten, Leinen mit Schutzumschlag, Leseband

Margarete Friebes Erkenntnisse helfen dem Leser, sein Bewußtsein nicht nur auf Äußerliches, auf Materielles zu richten, sondern in geistige Bereiche einzudringen, die ihn mit höheren Werten, wie Liebe und Weisheit, zu einem glücklicheren, sinnvolleren Leben führen.

Die Autorin zeigt Möglichkeiten, wie Sie Ihrem Bewußtsein Flügel verleihen. Wenn Sie ihr auf dem visionären Weg folgen, ist eine neue Sicht der Menschen und der Dinge möglich. Behutsam werden Sie vom *Verstandes-Denken* hin zum *Herz-Denken* geführt.

OESCH VERLAG

Klausstraße 10, CH-8008 Zürich

Erhältlich in Ihrer Buchhandlung.
Bitte verlangen Sie das kostenlose Gesamtverzeichnis
«Bücher für positive Lebensgestaltung»
direkt beim Verlag.